# ISRAEL, EL RELOJ PROFÉTICO DE DIOS

¿QUÉ DICE la BIBLIA ACERCA DE ISRAEL
y el PLAN DE DIOS PARA el FIN DE LOS TIEMPOS?

JAHAZIEL RODRÍGUEZ

Vida

*La misión de Editorial Vida es ser la compañía líder en satisfacer las necesidades de las personas con recursos cuyo contenido glorifique al Señor Jesucristo y promueva principios bíblicos.*

**ISRAEL, EL RELOJ PROFÉTICO DE DIOS**
Publicado por Editorial Vida – 2025
501 Nelson Place, Nashville, Tennessee, 37214, Estados Unidos de América.
Editorial Vida es una marca registrada de HaperCollins Christian Publishing, Inc.



Este título también está disponible en formato electrónico y audio.



HarperCollins Publishers, Macken House, 39/40 Mayor Street Upper, Dublin 1, D01 C9W8, Ireland (https://www.harpercollins.com).



El Número de Control de la Biblioteca del Congreso se podrá obtener previa solicitud.

Diseño interior: *Deditorial*

ISBN: 978-0-82977-281-4
E-Book: 978-0-82977-282-1
Audio: 978-0-82977-283-8

CATEGORÍA: Religión / Teología cristiana / Escatología

IMPRESO EN ESTADOS UNIDOS DE AMÉRICA
PRINTED IN THE UNITED STATES OF AMERICA
25 26 27 28 29 LBC 5 4 3 2 1

# CONTENIDO

Dedicado a todos aquellos hermanos y hermanas en la fe en cuyos corazones arde la llama de la pasión por el encuentro con su Señor, aquellos que no viven entretenidos con las cosas terrenales como en los días de Noé, sino que son entendidos en los tiempos. Aquellos que tienen todavía hambre por aprender más de las profecías del fin y que mantienen sus lámparas encendidas en comunión con Dios y su Palabra. ¡Para ellos es este libro!

# AGRADECIMIENTOS

Agradezco a Dios, primeramente, quien es digno de toda la gloria y a quien debemos rendir toda corona, por la realización de este libro, el cual he escrito en total dependencia de su gracia. También agradezco a mi familia por su apoyo y amor incondicional:

A mi esposa, Arianna Rodríguez, mi compañera fiel y ayuda idónea.

A nuestros hijos, Benjamín, Elizabeth y Josué, por su cariño y amor especial que me impulsan a seguir adelante.

A mis padres, Eliseo y Anna Rodríguez, a quienes honro, pues fueron el canal de amor y enseñanza a través del cual Él permitió mi formación ministerial y que pudiera crecer en el temor de Dios.

A mi única hermana, Eunice Rodríguez; su esposo, David; y mis sobrinas, Abigail y Betlisa.

A toda mi hermosa familia, compuesta por mis abuelos, Arnoldo y Aydeé González, y Manolín y Nelda Rodríguez, a quienes Dios usó para formar una descendencia ministerial a la que pertenezco como tercera generación.

A toda mi extensa ascendencia familiar, paternal y maternal.

A mis suegros, Alexander y Mabel, siervos de Dios que nos apoyan ministerialmente.

Además, a nuestra amada iglesia que siempre nos respalda, la Iglesia Monte de Sion en Miami.

Por último, quiero agradecer de manera muy especial a todos aquellos hermanos de «Qué dice la Biblia», quienes cada semana nos apoyan con sus oraciones y respaldo a través de las redes sociales.

# INTRODUCCIÓN

Érase un 14 de mayo de 1948 a las cuatro de la tarde, hora local, cuando cientos de judíos se reunieron a las afueras del Museo de Arte de Tel Aviv, Israel, para presenciar un evento histórico que cambiaría el curso del Medio Oriente para siempre. Y es que, dentro de aquel museo, numerosas personalidades del ámbito judío, entre ellas periodistas, políticos y religiosos, se habían reunido para leer de manera oficial, junto con David Ben-Gurión, la declaración de independencia del Estado de Israel. Aquel valiente y heroico discurso significaba que desde ese momento en adelante Israel se declaraba como una nación soberana, estableciendo su capital en Tel Aviv e invitando a miles de judíos a regresar al lugar que una vez fue su tierra.

Como era de esperar, dicho evento provocó el rechazo del mundo árabe e islámico, que tan solo unas horas después le declararon la guerra al nuevo Estado de Israel; sin embargo, a pesar de aquel y otros tantos conflictos que se desataron posteriormente, nadie ha podido mover a Israel de la tierra que Dios le dio ni ha podido destruirlo hasta el día de hoy. Más bien, en cada enfrentamiento, Israel ha salido favorecido y con mayor autoridad y presencia en el Medio Oriente. Pero lo que muchos no entienden es que aquel renacimiento no fue algo provocado por el hombre, sino que se trataba de un plan divino, un plan ampliamente profetizado en la Biblia, ya que estaba escrito que los huesos tenían que levantarse otra vez y que la higuera tenía que reverdecer. Por esta razón, nadie ha podido mover a Israel de su tierra desde ese momento en adelante, porque ya estaba escrito.

Ahora bien, ¿por qué ha sido tan relevante la nación de Israel a través de la historia? Al leer la Biblia vemos que la gran mayoría de los eventos del Antiguo Testamento y parte de los del Nuevo han estado relacionados con la nación de Israel, un pueblo marcado por historias y milagros impresionantes como ningún otro, incluso desde sus inicios. Fue la nación que vio el poder de Dios en Egipto cuando los sacó de allí con mano poderosa y brazo extendido. Presenciaron cómo el mar Rojo se abría en dos para que pudieran pasar a salvo al otro lado. Disfrutaron del maná que caía del cielo cada mañana, excepto los sábados, durante cuarenta años. Vencieron a grandes enemigos y entraron a la tierra prometida. Y como si fuera poco, aun después de la destrucción del templo en el año 70 d. C. y la posterior expulsión de su tierra a causa de su rechazo al Mesías, fueron restaurados por Él, al menos de manera política, trayéndolos de vuelta a su tierra en 1948. Y así también, en el ámbito de la geopolítica y desde aquel momento en adelante, Israel ha tenido un protagonismo asombroso, marcando el rumbo del Medio Oriente y del mundo entero.

No obstante, ¿cuál es el secreto? ¿Por qué es una nación tan importante, a pesar de ser un país tan pequeño geográficamente o incluso joven? La clave está en que es una nación con promesa, un pueblo que tiene todavía grandes profecías escatológicas por cumplirse, y por eso nadie ha podido levantarse en su contra y prevalecer.

Como amante y estudioso de las profecías del fin, considero que un factor indispensable para poder comprender las profecías escatológicas es el hecho de entender, primero, el plan de Dios con Israel, tanto en el pasado como en el presente, y sobre todo en el futuro, porque si no comprendemos las profecías que todavía están por cumplirse en esa nación, pudiéramos malinterpretar muchos pasajes bíblicos y profecías del fin, e incluso caer en errores doctrinales.

Resulta muy lamentable que muchos hermanos en la fe ignoren el plan de Dios con Israel. Algunos han desechado y menospreciado al pueblo de Dios a tal nivel que hasta lo han maldecido, desconociendo que todavía es un pueblo con promesa. Otros ven a Israel solo como un Estado político o sionista, ignorando que detrás de todo lo que está pasando en la geopolítica hay un plan divino y grandes promesas que están por cumplirse. Y algunos más, sencillamente se han ido al otro extremo de idolatrar a la nación de Israel, al punto de judaizarse para sentirse más especiales o cerca de Dios. Todos estos errores vienen por la falta de conocimiento del pueblo de Dios en relación con el plan eterno para la nación de Israel y el papel de la iglesia en esta dispensación. Por eso considero que este material es muy importante, porque traerá luz a sus vidas para comprender en qué momento de la historia estamos ahora mismo, y cuáles son las profecías que se acercan para la iglesia y posteriormente para Israel.

A través de este texto pretendo hacer un recorrido por toda la historia de Israel desde sus inicios, los diferentes procesos que tuvieron que atravesar, su estado actual espiritualmente, y sobre todo, su futura restauración y las grandes profecías que aún están por cumplirse en el linaje de Abraham. Después de leer este libro, usted podrá tener un conocimiento amplio de en qué etapa profética se encuentra ahora Israel y cuáles son las profecías que están por cumplirse. Sobre todo, mi propósito principal es que al analizar lo que está pasando en esta nación y las profecías que se acercan para ella, usted y yo como cristianos podamos abrir nuestros ojos y prepararnos para la etapa final de nosotros como iglesia, porque Jesús nos dijo que estuviéramos atentos a las noticias y eventos que sucedieran en Israel, ya que como sugiere el título de este libro, Israel es el reloj profético de Dios.

Así que, si quiere comprender en su totalidad el plan de Dios para Israel, lo que viene y de qué manera esto nos afecta a nosotros como iglesia, abróchese el cinturón, porque este libro lo llevará a un nuevo nivel de comprensión de las profecías bíblicas.

CAPÍTULO 1

# ABRAHAM, EL PADRE DE LA FE

«Pero Jehová había dicho a Abram: Vete de tu tierra y de tu parentela, y de la casa de tu padre, a la tierra que te mostraré. Y haré de ti una nación grande, y te bendeciré, y engrandeceré tu nombre, y serás bendición. Bendeciré a los que te bendijeren, y a los que te maldijeren maldeciré; y serán benditas en ti todas las familias de la tierra». (Gn 12:1-3)

A pesar de que en el transcurso de este libro vamos a estudiar la mayor parte de las profecías escatológicas más importantes relacionadas con la nación de Israel, su papel para el fin de los tiempos y su relevancia profética para nosotros como iglesia, creo que es muy necesario que primero vayamos un poco atrás en la historia para estudiar los inicios de esta nación, su llamado y cómo Dios fue preparando un maravilloso plan profético con ellos, porque creo que esto nos ayudará a crear una plataforma necesaria para luego comprender ciertos misterios escatológicos que abundaremos más adelante. Por eso vamos a estudiar en este primer capítulo la vida y el llamado de un hombre en particular, aquel con el cual comenzaría la nación, aquel que recibiría las grandes promesas y sería el canal usado por Dios para luego bendecir al mundo entero. Este hombre es Abram (más tarde Abraham), el patriarca que iba a crecer tanto en su relación con Dios que recibiría luego en la Biblia el gran título de «amigo de Dios» (Stg 2:23) y se consideraría el padre de la fe (Ro 4:12-16).

Ahora bien, aunque soy consciente de que la mayoría de los cristianos saben los aspectos principales de la historia de Abram, creo que en esta maravillosa historia hay muchos detalles y enseñanzas profundas que ignoramos y que nos traerán gran revelación sobre el plan profético de Dios con Israel. Mi deseo es que en este capítulo no solo aprendamos algo nuevo y revelador sobre la vida de Abram, sino que, sobre todo, se active la fe en nuestros corazones para poder recibir todo lo que aparece en los siguientes capítulos. Digamos que aquí se encenderá la primera llama de la pasión para luego poder aprender lo que se viene en el cumplimiento profético del fin. Así que, sin más, comencemos con este emocionante capítulo.

## ¿Quién fue Abram?

Primero que todo, consideremos quién era Abram y de dónde provenía. Esto nos lleva a la región de Ur de los caldeos, según algunos arqueólogos localizada al sur de Iraq, sobre la cual se dice que era una región sumamente idólatra. Es curioso que la primera vez que se habla de Abram en la Biblia sea en el capítulo 11, justo después de la narrativa acerca de la torre de Babel. Recordemos que en esa historia se nos habla acerca de cómo los hombres se rebelaron contra Dios, intentando levantar una torre cuya cúspide llegase hasta el cielo con el solo propósito de oponerse a Él y que este no pudiera castigarlos otra vez a causa del pecado. Aquella generación, en vez de aprender de la experiencia del diluvio e intentar volverse a Dios, trató más bien de rebelarse y evitar con astucia carnal un hipotético juicio futuro de su parte. Por eso el Creador confundió las lenguas en el tiempo de Babel, y dice la Palabra que fueron todos esparcidos sobre la faz de la tierra (Gn 11:9).

En mi opinión, el hecho de que la Biblia coloque la historia de Babel justo antes del llamamiento de Dios a Abram nos habla de cuán crítica era la situación espiritual en aquel tiempo, una época en la cual abundaban la idolatría y la rebeldía contra Dios. Allí se verificó, en su totalidad quizás, la Palabra que dice en el salmo 14: «Jehová miró desde los cielos sobre los hijos de los hombres, para ver si había algún entendido, que buscara a Dios» (v. 2). Y dice más: «Todos se desviaron, a una se han corrompido; no hay quien haga lo bueno, no hay ni siquiera uno» (v. 3).

Es curioso también que no se haga referencia a alguna virtud de la familia de Abram, espiritualmente hablando, por lo que podemos deducir que su propia familia era muy idólatra y alejada de Dios. De manera que Abram venía, sin duda, de un contexto espiritual oscuro, tanto familiar como regional. Sin embargo, es maravilloso ver cómo Dios puso su mirada en ese hombre para hacer de él algo grandioso. Seguramente, Abram nunca había oído la voz de Dios ni sabía mucho acerca de Él. Pero la Biblia relata que Dios le habló y lo llamó a dejar toda aquella vida de idolatría para realizar los grandes propósitos que tenía preparados para él. Debemos recordar que Dios no está buscando la grandeza humana, sino que Él escogió lo vil y menospreciado (1 Co 1:28).

La Biblia narra el momento de ese llamado celestial de la siguiente manera: «Pero Jehová había dicho a Abram: Vete de tu tierra y de tu parentela, y de la casa de tu padre, a la tierra que te mostraré. Y haré de ti una nación grande, y te bendeciré, y engrandeceré tu nombre, y serás bendición. Bendeciré a los que te bendijeren, y a los que te maldijeren maldeciré; y serán benditas en ti todas las familias de la tierra» (Gn 12:1-3).

Es importante entender que cuando Dios se le apareció a Abram por primera vez, lo mandó a abandonar ciertas cosas, tres específicamente: su tierra, su parentela y la casa de su padre. Estos requisitos me hacen pensar en algunas razones o motivos por los cuales Dios le dio ese mandato. Primero, para que aprendiera a caminar y vivir en fe. Abram jamás llegaría a ser el padre de la fe, aquel hombre que luego estaría dispuesto a obedecerlo hasta el punto de entregar a su propio hijo, si antes no hubiera sido entrenado por el Señor para caminar en fe, incluso en las cosas más pequeñas. De modo que Dios lo manda a dejar su tierra, su parentela y la casa de su padre como un reto de fe que sería el inicio de una maravillosa caminata en el conocimiento de Dios. Esto nos enseña que Él no puede darnos grandes responsabilidades si primero no hemos aprendido a ser fieles y obedientes en aquellas más pequeñas. Por esta razón, en la vida cristiana necesitamos a menudo ser entrenados por Dios en la fe para poder recibir las grandes promesas que tiene preparadas para nuestras vidas.

En segundo lugar, creo que Dios lo mandó a abandonar todo aquello para que se desligara de esa tierra y su familia, quienes practicaban una falsa religión. Como veremos a continuación, toda aquella parentela idólatra y sin revelación divina pudiera ser un impedimento para que Abram creciera en la fe y llegara al potencial que Dios tenía preparado para él. La Palabra de Dios dice que «no reposará la vara de la impiedad sobre la heredad de los justos; no sea que extiendan los justos sus manos a la iniquidad» (Sal 125:3). Por eso, antes de bendecir a Abram, Dios primero lo separa de lo pecaminoso y ordinario para hacer de él alguien extraordinario.

En mi vida personal y ministerial, he visto también cumplirse este principio una y otra vez. Cada vez que Dios me quiere llevar a un nuevo nivel de santidad, unción o alcance ministerial, primero me separa de cosas y personas que pudieran retrasar o estorbar ese propósito. De igual manera sucede con usted, Dios quiere hacer grandes cosas, pero puede que algunas de ellas no hayan sucedido porque falta un paso de fe, aún debe soltar algunas cosas que le están retrasando. Pero pido al Señor que, al igual que lo hizo con Abram, usted pueda alcanzar las grandes promesas de Dios.

En tercer lugar, creo que Dios ordena a Abram abandonar aquellas tres cosas para que muriese a sus propios sueños y anhelos carnales, y pudieran nacer entonces los planes de Dios en él. Seguramente Abram, siendo un hombre adulto y criado en aquella región, ya tendría planes para su vida, quizás algún negocio familiar que heredaría en el futuro, o de repente proyectos de comprar casas y propiedades en aquellas tierras. Debemos recordar que cuando Dios llama a Abram, él no era un niño ni un adolescente preguntándose cuál era su propósito en la vida. Ya era un hombre hecho y derecho, con voluntad propia, sueños y anhelos para su familia. Pero entonces el Señor lo reta a abandonar todos aquellos sueños y anhelos personales para comenzar a vivir los planes de Dios en su vida. Y este es un principio muy poderoso que el Espíritu Santo me reveló hace algunos días, que no podemos conocer, caminar, ni fluir en los planes de Dios hasta que muramos a los sueños propios. Solo cuando morimos al «yo» es que estamos listos para conocer y vivir los planes de Dios. Por eso el apóstol Pablo dijo: «Con Cristo estoy juntamente crucificado, y ya no vivo yo, mas vive Cristo en mí» (Gá 2:20a).

## Atrapado en Harán

Ahora bien, un detalle que muchos cristianos pasan por alto en esta historia es que, a pesar de que Abram le creyó a Dios y tenía la disposición de obedecerle, hubo algo que lo retrasó en su caminata espiritual y lo hizo estancarse por algún tiempo. Y esto se debe a que, en sus primeros años de conocer a Dios, quizás por temor o respeto a su familia, Abram no obedeció totalmente el mandato de abandonar a su parentela y se dejó gobernar y guiar por su padre, a quien ciertamente debía honrar y respetar, pero al que no debía seguir espiritualmente, ya que Dios le había dado una asignación muy personal que iba en contra de la idolatría que practicaba su padre.

Por favor, note que no estoy respaldando para nada la rebeldía ni la sublevación ministerial, sino que estoy diciendo que Taré, el padre de Abram, era un hombre idólatra cuya vida y valores no se alineaban con el Dios que había llamado a Abram. Por esta razón, Dios no se le reveló a Taré, sino a Abram, quien tampoco calificaba, pero fue llamado por Él en su gracia para dejar su parentela y familia, y caminar hacia los grandes planes divinos. Sin embargo, cuando leemos la historia, vemos que en los años posteriores a aquel llamado, Taré tomó las riendas de la familia y la expedición, retrasando así el propósito y llamado de Abram. ¡Permítame explicarle!

En el capítulo 12 de Génesis ya leímos la manera en que Dios llama a Abram por primera vez, pero en el capítulo anterior vimos en la genealogía que fue Taré quien dio inicio a aquella caminata saliendo de Ur de los caldeos. Así dice el pasaje: «Y tomó Taré a Abram su hijo, y a Lot hijo de

Harán, hijo de su hijo, y a Sarai su nuera, mujer de Abram su hijo, y salió con ellos de Ur de los caldeos, para ir a la tierra de Canaán; y vinieron hasta Harán, y se quedaron allí. Y fueron los días de Taré doscientos cinco años; y murió Taré en Harán» (Gn 11:31-32).

Cuando leemos este pasaje, pareciera que primero Taré salió con Abram hacia Harán y que fue en este lugar que Dios le habló a Abram. Sin embargo, no fue así, porque el capítulo 12 comienza diciendo: «Pero Jehová había dicho a Abram: Vete de tu tierra y de tu parentela, y de la casa de tu padre, a la tierra que te mostraré» (Gn 12:1). La palabra «pero» al inicio del capítulo 12 demuestra que Dios le había hablado a Abram ya previamente en Ur de los caldeos. Esto queda también demostrado en el libro de Hechos cuando Esteban predicó ante los judíos, diciendo: «Varones hermanos y padres, oíd: El Dios de la gloria apareció a nuestro padre Abraham, estando en Mesopotamia, antes que morase en Harán, y le dijo: Sal de tu tierra y de tu parentela, y ven a la tierra que yo te mostraré» (Hch 7:2-3). No obstante, se podría suponer que Abram se lo comentó a su padre y fue este quien inició aquella travesía.

Por consiguiente, todo indica que Dios se le reveló a Abram cuando estaba en Ur de los caldeos, que era la antigua Mesopotamia, pero que Abram no inició aquella primera expedición por sí mismo, sino que dejó que fuera su padre quien liderara el viaje. Esto trajo retrasos al plan de Dios con Abram, porque dice la Biblia que Taré «salió con ellos de Ur de los caldeos, para ir a la tierra de Canaán; y vinieron hasta Harán, y se quedaron allí» (Gn 11:31). En mi opinión, aunque Taré pudo haber tenido la intención de obedecer a Dios, en caso de que Abram le hubiera contado la visión divina, los resultados demostraron que el trato de Dios no era con Taré, sino con Abram. Más bien, considero que Taré fue de cierta manera un estorbo, pues cuando llegaron a una ciudad llamada Harán, aparentemente bajo su orden, la familia se detuvo allí por algún tiempo en lugar de seguir hacia Canaán, la tierra a la cual Dios quería llevar a Abram.

Al leer el relato bíblico se podría pensar, aunque no hay revelación al respecto, que Taré se estableció en Harán porque estaba triste y nostálgico, ya que su hijo Harán había muerto antes que su padre en la tierra de su nacimiento, es decir, en Ur de los caldeos (Gn 11:28). Entonces llegan a una ciudad que tiene el mismo nombre de su difunto hijo, y Taré se detiene en Harán hasta su muerte. La Biblia no dice con claridad cuántos años estuvieron en Harán, pero pienso que pudo haber transcurrido un largo tiempo.

Todos aquellos años de pausa en Harán eran el resultado de haber obedecido a Dios a medias, pues a pesar de que ciertamente Abram había salido de su tierra, no había abandonado a su familia paternal, lo cual retrasó su travesía. Esto me recuerda un pasaje de la Biblia donde cierto hombre le dijo a Jesús que antes de seguirlo le permitiera enterrar a su padre, y al leer el contexto, tal parece que aquel hombre le estaba diciendo a Jesús que le diera tiempo hasta que su padre muriera y entonces él pudiera seguirle. Mas Jesús le dijo: «Deja que los muertos entierren a sus muertos; y tú ve, y anuncia el reino de Dios» (Lc 9:60).

Mi estimado hermano, antes de continuar permítame hacer un breve comentario que seguro va a ayudarle en su vida cristiana. Esta primera parte de la historia nos enseña que cuando emprendemos grandes cosas para Dios, debemos cuidarnos de aquellos hábitos y personas que intentan sigilosamente atentar, a veces sin querer, contra el propósito de Dios para nuestras vidas; incluso los familiares pueden con buena intención apagar la fe y retrasar el avance espiritual. Por eso, cada vez que aquella joven María, la madre de Jesús, recibía alguna palabra de Dios con respecto al niño, ya fuera por visión o una palabra profética, como la dada por aquel anciano llamado Simeón en el templo, dice la Palabra que María guardaba todas estas cosas en su corazón (Lc 2:19). Ella sabía que hablarle del proyecto a alguien sin revelación podía significar el fracaso o retraso de tal proyecto. Y ese pudiera haber sido uno de los problemas de Abram en su inicio, que compartió la visión con su padre idólatra y dejó que este retrasara su llamado.

Sin embargo, como los planes de Dios siempre se cumplen a pesar de nuestros errores, el capítulo 12 de Génesis enseña que una vez muerto Taré, Abram reanudó su trayectoria hacia el plan de Dios, aunque, como veremos luego, aún tendría mucho por aprender.

> Pero Jehová había dicho a Abram: Vete de tu tierra y de tu parentela, y de la casa de tu padre, a la tierra que te mostraré. Y haré de ti una nación grande, y te bendeciré, y engrandeceré tu nombre, y serás bendición. Bendeciré a los que te bendijeren, y a los que te maldijeren maldeciré; y serán benditas en ti todas las familias de la tierra. Y se fue Abram, como Jehová le dijo; y Lot fue con él. Y era Abram de edad de setenta y cinco años cuando salió de Harán. (vv. 1-4)

Lejos de haber terminado ya el proceso de Dios con Abram, la verdad es que en ese momento comenzaba realmente su travesía, porque aún muchas cosas faltaban por pulir y mejorar en su vida. Todavía había ciertos aspectos de la fe que Abram debía confirmar, por ejemplo, el principio de nunca moverse fuera de la voluntad de Dios ante las circunstancias y pruebas que se pudieran presentar. Y digo esto porque, según Génesis 12:10-20, en aquellos días sobrevino una terrible hambre sobre la tierra, y frente a tal prueba, Abram tomó la decisión, parece que sin la guía de Dios, de mudarse a Egipto. Pero en Egipto casi pierde a su esposa. Esta experiencia le enseñaría que, si Dios te ha llamado, aun en el desierto de la prueba Él te va a sustentar, y que no podemos movernos por las emociones o circunstancias. Este principio de la fe sería luego una de las mayores fortalezas de Abram, a tal nivel que cuando su sobrino Lot se separa de él (Gn 13), Abram le dice que escoja primero la tierra a la cual deseaba ir, sabiendo que Dios lo iba a respaldar dondequiera que Él lo enviara. Y precisamente así ocurrió:

> Y Jehová dijo a Abram, después que Lot se apartó de él: Alza ahora tus ojos, y mira desde el lugar donde estás hacia el norte y el sur, y al oriente y al occidente. Porque toda la tierra que ves, la daré a ti y a tu descendencia para siempre. Y haré tu descendencia como el polvo de la tierra; que si alguno puede contar el polvo de la tierra, también tu descendencia será contada. Levántate, ve por la tierra a lo largo de ella y a su ancho; porque a ti la daré. Abram, pues, removiendo su tienda, vino y moró en el encinar de Mamre, que está en Hebrón, y edificó allí altar a Jehová. (vv. 14-19)

## Un encuentro sobrenatural

Sin lugar a duda, uno de los momentos que más marcaron la vida de este gran hombre de fe lo vemos en el encuentro que tuvo con cierto personaje, según se nos narra en Génesis 14. Ya Abram había caminado en fe durante algunos años y Dios había tratado con él. Pero en ese momento, imagino que Abram sabía que algo grande se avecinaba, que una nueva etapa estaba llegando. Y por eso la Biblia comienza a narrar, a partir del capítulo 14, una serie de eventos que lo llevarían a la cúspide de su llamado y propósito, antes de la prueba final.

El primer suceso sobresaliente que Dios permitió que le ocurriera fue el encuentro sobrenatural con un misterioso personaje llamado Melquisedec. Dice la Biblia, en el capítulo 14, que regresaba Abram de librar una gran batalla contra Quedorlaomer y otros reyes, liberando a su sobrino Lot y a otras muchas personas que habían sido llevadas cautivas por aquellos reyes, cuando de repente se encuentra con un personaje llamado Melquisedec. Así describe la Biblia aquel momento: «Cuando volvía de la derrota de Quedorlaomer y de los reyes que con él estaban, salió el rey de Sodoma a recibirlo al valle de Save, que es el Valle del Rey. Entonces Melquisedec, rey de Salem y sacerdote del Dios Altísimo, sacó pan y vino; y le bendijo, diciendo: Bendito sea Abram del Dios Altísimo, creador de los cielos y de la tierra; y bendito sea el Dios Altísimo, que entregó tus enemigos en tu mano. Y le dio Abram los diezmos de todo» (vv. 17-20).

Mucho se ha debatido en cuanto a quién pudiera haber sido aquel Melquisedec. Algunos dicen que se trató de un hombre, príncipe de una ciudad llamada Salem, que sencillamente bendijo a Abram. Pero yo soy de aquellos que creen que aquel Melquisedec no fue un hombre cualquiera, sino una manifestación de Cristo mismo preencarnado. Esto es lo que se conoce en la teología como una Cristofanía, o sea, una aparición de Cristo en el Antiguo Testamento antes de haberse hecho carne; y como este, hay muchos ejemplos por toda la Escritura.

Uno de los pasajes que más nos ayudan a ver que aquel Melquisedec fue Cristo mismo es Hebreos 7, donde dice así:

> Porque este Melquisedec, rey de Salem, sacerdote del Dios Altísimo, que salió a recibir a Abraham que volvía de la derrota de los reyes, y le bendijo, a quien asimismo dio Abraham los diezmos de todo; cuyo nombre significa primeramente Rey de justicia, y también Rey de Salem, esto es, Rey de paz; sin padre, sin madre, sin genealogía; que ni tiene principio de días, ni fin de vida, sino hecho semejante al Hijo de Dios, permanece sacerdote para siempre. Considerad, pues, cuán grande era este, a quien aun Abraham el patriarca dio diezmos del botín.
>
> Ciertamente los que de entre los hijos de Leví reciben el sacerdocio, tienen mandamiento de tomar del pueblo los diezmos según la ley, es decir, de sus hermanos, aunque estos también hayan salido de los lomos de Abraham. Pero aquel cuya genealogía no es contada de entre ellos, tomó de Abraham los diezmos, y bendijo al que tenía las promesas. Y sin discusión alguna, el menor es bendecido por el mayor. Y aquí ciertamente reciben los diezmos hombres mortales; pero allí, uno de quien se da testimonio de que vive. (vv. 1-8)

No es mi intención hacer en este libro una tesis del porqué creo que Melquisedec era Cristo mismo, pero permítame por lo menos resaltar siete aspectos que el escritor dice de Melquisedec, los cuales demuestran que lo era:

1. «Rey de paz». Alusivo al título de Príncipe de Paz en Isaías 9:6.
2. «Sin padre, sin madre, sin genealogía». Jesús no tiene principio ni fin, según Apocalipsis 22:13.
3. «Ni tiene principio de días, ni fin de vida». Cristo tampoco morirá jamás.
4. «Hecho semejante al Hijo de Dios». Esto es una clara alusión a Cristo.
5. «Permanece sacerdote para siempre». Solo Jesucristo es el sacerdote que permanece para siempre, según Hebreos 7:23-24.
6. «Considerad, pues, cuán grande era este, a quien aun Abraham el patriarca dio diezmos del botín». Aquí se habla de Melquisedec como mayor que Abraham. ¿Quién pudo haber tenido tal grado de superioridad que el padre de la fe?
7. «Y aquí ciertamente reciben los diezmos hombres mortales; pero allí, uno de quien se da testimonio de que vive». Note que se habla de Melquisedec como uno que *vive*, en tiempo presente.

Lo importante aquí es que, muy posiblemente, Abram tuvo ese día un encuentro con Cristo mismo preencarnado, aquel Jesús que, aunque un día vendría de sus lomos o linaje, según la carne, aun así, como Él es antes de todas las cosas, se le presentó al padre de la fe siglos atrás para bendecirlo. Por tal razón, Jesús les dijo una vez a los judíos: «Antes que Abraham fuese, yo soy» (Jn 8:58). ¡Cuán glorioso es recibir revelación de esto! Y lo más hermoso es que dice la historia que Melquisedec le dio a Abram pan y vino, otra referencia a Cristo Jesús, y lo bendijo diciendo: «Bendito sea Abram del Dios Altísimo, creador de los cielos y de la tierra» (Gn 14:19). Aquel encuentro fue crucial para la vida de Abram y lo que Dios haría con él, porque ese día recibió la bendición de este Melquisedec, a quien considero como el Cristo preencarnado.

Utilizando este pasaje, me gustaría añadir una enseñanza práctica para este tiempo de la gracia, y es que no podemos pretender la bendición de Dios si primero no hemos tenido un encuentro con Cristo. Muchas personas anhelan ser usadas por Dios o desean que Dios las bendiga en su negocio, pero no procuran conocer a Jesús ni desarrollar una comunión íntima con Él. La bendición es un regalo exclusivo para aquellos que pueden sentarse a la mesa de la comunión con el maestro. Por eso, el mismo Jacob, aquel que sería nieto de este Abram en un futuro, aunque anheló la bendición por tantos años e intentó arrebatarla a través del hurto y la trampa, solo la pudo recibir aquella noche en Peniel cuando peleó a solas con el Ángel de Jehová, otra Cristofanía, según el mismo pasaje evidencia (Gn 32:30).

## ¡Nace una promesa!

Ahora bien, luego de considerar toda esta travesía de fe a través de la cual Dios fue llevando a Abram para hacer de él un día el padre de la fe, llega el momento en que Dios lo reta a creer en una promesa mayor. Ya una vez le había dicho que se moviera de su tierra y parentela para hacer de él una gran nación en la tierra que Él le mostraría. Y aunque en aquella promesa ya se estaba anunciando que tendría una descendencia, ahora Dios le habla en detalle acerca del hijo que le nacería para, por medio de él, levantar esa gran nación que ya le había anunciado. Solo que esta palabra de Dios demandaría de Abram aún más fe para seguir creyendo, a pesar de lo imposible que pareciera humanamente hablando.

En Génesis 15 se afirma que después de estas cosas, o sea, después de aquellos eventos significativos ya citados, vino a Abram palabra de Jehová en visión diciéndole: «No temas, Abram; yo soy tu escudo, y tu galardón será sobremanera grande» (v. 1). Note que aquí Dios le reafirma a Abram que todavía había un gran galardón en camino para su vida. Sin embargo, Abram le confiesa a Dios su frustración y le dice: «Señor Jehová, ¿qué me darás, siendo así que ando sin hijo, y el mayordomo de mi casa es ese damasceno Eliezer? Dijo también Abram: Mira que no me has dado prole, y he aquí que será mi heredero un esclavo nacido en mi casa» (v. 2). Pero el Señor entonces le revela a Abram de qué se trataba el plan y la manera cómo lo haría. Lea el pasaje: «Luego vino a él palabra de Jehová, diciendo: No te heredará este, sino un hijo tuyo será el que te heredará. Y lo llevó fuera, y le dijo: Mira ahora los cielos, y cuenta las estrellas, si las puedes contar. Y le dijo: Así será tu descendencia. Y creyó a Jehová, y le fue contado por justicia» (vv. 4-6).

Como quizás usted sepa, Abram y Sarai nunca habían tenido hijos en toda su vida debido a la esterilidad de ella, pero por si fuera poco, Abram tenía para ese entonces setenta y cinco años y Sarai sesenta y cinco. Entonces, Dios le dice a Abram que le daría un hijo a través del cual cumpliría su plan, y que su descendencia sería tan numerosa como las estrellas del cielo o la arena del mar que no se puede contar. ¡Vaya! Ciertamente era necesaria una gran fe para creer que Dios pudiera hacer tal cosa. Pero dice la Palabra que Abram le creyó a Dios y le fue contado por justicia. Estimado lector, a veces nos complicamos cuando recibimos alguna promesa del Señor y nos preguntamos cómo será posible y de qué manera, pero Dios solo está esperando que le creamos y Él se hará cargo del resto. Y eso fue lo que hizo Abram, le creyó a Dios.

Aunque también tenemos que admitir que hubo un momento en la vida de este matrimonio en el que se desesperaron e intentaron ayudar a Dios. Lo que sucede es que, aunque ellos habían creído que Dios lo podía hacer, habían transcurrido diez años y para esa fecha tenían ochenta y cinco y setenta y cinco años, respectivamente, por lo que veían cada vez más imposible que Dios hiciera el milagro y Sarai pudiera quedar embarazada. Entonces, ella le hizo una propuesta a su esposo para que se llegara a la esclava Agar y que de esta egipcia pudieran tener un hijo. No quiero hablar en este capítulo acerca de Ismael porque prefiero dejar ese tema para otro capítulo, donde hablaremos de lo que está pasando ahora mismo en el Medio Oriente y los grandes conflictos con el pueblo de Dios. Pero el punto es que de la loca idea de llegarse a la esclava nació ese niño, Ismael, hijo de Abram, pero no de la promesa, y resultó un error tan grave que no solo trajo conflictos a corto plazo, sino también a largo plazo.

No obstante, cuando ya Abram se sentía consolado por haber tenido un hijo, aunque no fuera a través de Sarai, después de casi veinticuatro años desde que había recibido la promesa por primera vez, y con cerca de cien años, quizás cuando pensaba que ya Dios había cumplido su pacto con él, se le apareció Dios para decirle tres cosas. En primer lugar, cambiar los nombres de Abram y Sarai por Abraham y Sara, nombres proféticos, ya que Abraham significaba «padre de una multitud», y Sara, «princesa» (Gn 17:5, 15). Así como Dios lo hizo luego con muchas personas, en esta oportunidad les cambió el nombre como una señal profética para cambiar su identidad de infertilidad a bendición. En segundo lugar, Él selló un pacto muy particular con Abraham, un pacto que sería para toda su casa y descendencia, algo que los identificaría generacionalmente como un pueblo escogido específicamente por Jehová; el pacto de la circuncisión. Dijo Dios en Génesis 17: «Este es mi pacto, que guardaréis entre mí y vosotros y tu descendencia después de ti: Será circuncidado todo varón de entre vosotros. Circuncidaréis, pues, la carne de vuestro prepucio, y será por señal del pacto entre mí y vosotros» (vv. 10-11). En tercer lugar, Dios le dice a Abraham unas palabras que posiblemente lo estremecerían, le dice que no sería a través de Ismael que Dios le daría una gran descendencia, sino que todavía estaba en pie la promesa de darle un hijo a través de Sara. Lea la manera en que Dios le confirma esta promesa a Abraham en este mismo capítulo:

> Respondió Dios: Ciertamente Sara tu mujer te dará a luz un hijo, y llamarás su nombre Isaac; y confirmaré mi pacto con él como pacto perpetuo para sus

> descendientes después de él. Y en cuanto a Ismael, también te he oído; he aquí que le bendeciré, y le haré fructificar y multiplicar mucho en gran manera; doce príncipes engendrará, y haré de él una gran nación. Mas yo estableceré mi pacto con Isaac, el que Sara te dará a luz por este tiempo el año que viene. Y acabó de hablar con él, y subió Dios de estar con Abraham. (vv. 19-22)

Cerca de un año después de este suceso, Sara quedó embarazada, y nacería el hijo que sí era de la promesa, aquel al cual Dios bendeciría. El escritor de Hebreos describe este momento maravilloso de fe de la siguiente manera: «Por la fe también la misma Sara, siendo estéril, recibió fuerza para concebir; y dio a luz aun fuera del tiempo de la edad, porque creyó que era fiel quien lo había prometido. Por lo cual también, de uno, y ese ya casi muerto, salieron como las estrellas del cielo en multitud, y como la arena innumerable que está a la orilla del mar» (Heb 11:11-12).

¡Aleluya! Ciertamente tenemos un Dios todopoderoso. Para Él no hay nada imposible y cuando tiene un propósito, lo cumple. Por eso, quería comenzar este libro profético explicando la vida de Abraham y Sara, porque se trata de una historia de imposibles, una historia donde vemos el poder de Dios manifestándose aun en medio de la imposibilidad y la pequeñez del ser humano. Y así como sucedió en los inicios, así ha sido durante toda la historia de la nación de Israel. Ha sido una nación marcada por imposibles, no solo en sus inicios y desarrollo, sino también en la actualidad, como veremos a continuación. Porque, aunque fue destruida en el año 70 d. C., hoy prevalece como una nación fuerte. Y es que para Dios no hay nada imposible. Él se glorifica en la imposibilidad del hombre. ¡Aleluya! ¡Lo que viene a continuación es muy emocionante!

## La prueba final

Ahora bien, antes de terminar este capítulo, necesitamos hablar de lo que sería la prueba final, el clímax del proceso de Abraham, la última petición que Dios le haría a este hombre, y sin lugar a duda, la historia que terminaría de catapultarlo como el padre de la fe. Y me refiero evidentemente al momento cuando Dios le pidió que ofreciera a su hijo Isaac. La Palabra comienza narrando esta historia en Génesis 22 de la siguiente manera: «Aconteció después de estas cosas, que probó Dios a Abraham» (v. 1).

Cuando miramos la vida de Abraham, vemos que fue un hombre sumamente probado por Dios para crecer en su fe. Primero, le dice que deje su tierra y parentela sin GPS o mapa alguno, solo caminando hacia una tierra que Dios le dijo que le daría, aunque Abraham no sabía cuál era ni dónde estaba. Luego le da la promesa de un hijo y lo hace esperar con fe muchos años, creyendo en esperanza contra esperanza, según se nos indica en Romanos 4:18. Después, cuando Abram y Sarai habían tomado la iniciativa desesperada de tener un hijo a través de la esclava Agar, Dios se aparece para decirle que ese no era el hijo prometido, sino que debía creer todavía un poco más para que se realizara el milagro que le había profetizado. Posteriormente, cuando por fin nace Isaac, Abram se alegra, pero con el paso de los años los celos entre Sara y Agar comienzan a crecer producto de ambos hijos. Y es entonces que Dios reta a Abraham y le dice que expulse a Ismael y su madre de sus tierras porque no debía heredar juntamente con Isaac (Gn 21:8-13). Imagínese cuán difícil habrá sido esta decisión para Abraham. A pesar de que Ismael no era el hijo de la promesa, aun así lo amaba. Pero cuando Dios le pidió que lo dejara ir con su madre al desierto, Abraham una vez más obedece a Dios y se despoja de su propio hijo mayor.

De modo que Abraham había sido probado de una manera tremenda. Pero cuando él pensaba que ya todo había terminado, Dios se le aparece una vez más para que atravesara una última prueba, aquella que sería el clímax, y es cuando le dice: «Toma ahora tu hijo, tu único, Isaac, a quien amas, y vete a tierra de Moriah, y ofrécelo allí en holocausto sobre uno de los montes que yo te diré» (Gn 22:2).

Estimado lector, permítame explicar aquí que el sacrificio que Dios estaba pidiendo era que Abraham degollara a su hijo y lo quemara del todo en un altar. Ahora que tenemos la revelación completa, la Palabra de Dios en su totalidad, sabemos que Dios *jamás* iba a permitir tal sacrificio. Pero Abraham no lo sabía. Recuerde que él estaba comenzando a conocerlo. Por eso debemos darle gracias a Dios por su Palabra, porque podemos conocerlo a través de su revelación escrita e inspirada en las Escrituras.

No obstante, es asombroso leer que Abraham, sin ningún tipo de duda, decidió obedecer a Dios una vez más: «Y Abraham se levantó muy de mañana, y enalbardó su asno, y tomó consigo dos siervos suyos, y a Isaac su hijo; y cortó leña para el holocausto, y se levantó, y fue al lugar que Dios le dijo» (Gn 22:3). Tan solo imaginemos el dolor tan grande que debía haber en el corazón de este padre que iba caminando con su hijo durante tres largos días hacia un monte donde lo ofrecería al Señor. Sin embargo, había algo que fortalecía a Abraham, algo que lo ayudaba a seguir caminando al frente, a pesar del dolor, y era la fidelidad de la promesa de Dios. Él sabía que si Dios le había prometido que a través de Isaac le daría descendencia, Él tenía que resucitarlo de entre los muertos para cumplir su palabra. Quizás Abraham no entendía muy bien por qué Dios le estaba pidiendo aquello, pero sí había caminado lo suficiente con Él como para saber que Dios es fiel y que siempre cumple sus promesas. Por eso, el escritor de Hebreos, con la revelación del Espíritu Santo, dijo: «Por la fe Abraham, cuando fue probado, ofreció a Isaac; y el que había recibido las promesas ofrecía su unigénito, habiéndosele dicho: En Isaac te será llamada descendencia; pensando que Dios es poderoso para levantar aun de entre los muertos, de donde, en sentido figurado, también le volvió a recibir» (He 11:17-19).

Por favor, preste atención a esto, mi estimado hermano; la fe de Abraham era tan grande que dice la Palabra que cuando Abraham ve a la distancia el monte que Dios le había indicado, les dice a sus siervos: «Esperad aquí con el asno, y yo y el muchacho iremos hasta allí y adoraremos, y volveremos a vosotros» (Gn 22:5). ¿Notó eso? ¿Cómo que *iremos* y *volveremos*? Abraham estaba tan seguro de que Dios resucitaría a su hijo de los muertos que profetizó que ambos regresarían del monte de la adoración. Siento en mi corazón escribir ahora esta palabra que va a bendecir a alguien: nada de lo que usted ofrezca a Dios lo perderá. Más bien, todo lo que le dé, realmente lo habrá ganado. Abraham subió al monte a ofrecer a su hijo, pero no solo descendió de vuelta con su hijo, sino con algo más: una experiencia que marcaría su vida para siempre y lo catapultaría como el padre de la fe.

Otro momento de esta historia que resalta la fe de Abraham es cuando Isaac le hace una pregunta que seguramente rasgaría su alma; pero preste atención a la respuesta de Abraham: «Entonces habló Isaac a Abraham su padre, y dijo: Padre mío. Y él respondió: Heme aquí, mi hijo. Y él dijo: He aquí el fuego y la leña; mas ¿dónde está el cordero para el holocausto? Y respondió Abraham: Dios se proveerá de cordero para el holocausto, hijo mío. E iban juntos» (vv. 7-8).

Esta respuesta de Abraham: «Dios se proveerá de cordero para el holocausto», no fue una simple declaración positiva para evadir la verdad del asunto, sino que a través de aquellas palabras estaba profetizando misterios profundos que ni él mismo entendía, y que veremos a continuación. Y fue así como, al llegar a la cima del monte, Abraham ató al muchacho y lo preparó para el sacrificio; pero al tomar el cuchillo para herirlo, el Ángel de Jehová le habló diciendo: «Abraham, Abraham. Y él respondió: Heme aquí. Y dijo: No extiendas tu mano sobre el muchacho, ni le hagas nada; porque ya conozco que temes a Dios, por cuanto no me rehusaste tu hijo, tu único» (vv. 11-12).

Y añade la Palabra: «Entonces alzó Abraham sus ojos y miró, y he aquí a sus espaldas un carnero trabado en un zarzal por sus cuernos; y fue Abraham y tomó el carnero, y lo ofreció en holocausto en lugar de su hijo. Y llamó Abraham el nombre de aquel lugar, Jehová proveerá. Por tanto, se dice hoy: En el monte de Jehová será provisto» (vv. 13-14).

Hay algo muy profundo en este pasaje que necesito explicar. Primero, es maravilloso ver la manera providencial en que Dios depositó allí, en ese momento, aquel carnero que tomaría el lugar de Isaac. Fue así como Abraham e Isaac adoraron ofreciendo un cordero que Dios mismo había provisto, justo como él había profetizado que sucedería. Y dice la Biblia que Abraham llamó a aquel lugar «Jehová Jireh», una profecía que según el escritor de Génesis perduraría en la mente de las personas, quienes decían siglos después: «En el monte de Jehová será provisto» (v. 14). Y he aquí lo grandioso: cerca de dos mil años después, en ese mismo monte Moriah y sus montes anexos, había una colina llamada Gólgota, que Herodes el Grande excavó con el objetivo de tomar tierra para la ampliación del templo, por lo que esta colina tomó una forma tan rara que la llamaron «Lugar de la Calavera». Y fue a ese mismo sitio, perteneciente antes al gran monte Moriah, donde Dios envió a su hijo unigénito, el Cordero de Dios (Jn 1:29), a morir por nuestros pecados y tomar nuestro lugar. ¡Qué maravilloso!

Por eso, las palabras de Abraham fueron tan importantes y proféticas. ¡Es más! Algunos creen que fue en ese monte y en medio de aquella historia de Isaac donde Abraham pudo tener algún tipo de revelación divina acerca del Cristo que vendría y su sacrificio. Y me refiero a lo que dijo Jesús a los judíos: «Abraham vuestro padre se gozó de que había de ver mi día; y lo vio, y se gozó» (Jn 8:56). Por tal razón, dije que Abraham subió a ofrecer a Isaac, pero descendió no solo con Isaac, sino con una experiencia sobrenatural con Dios.

Mi estimado hermano, aquella historia era quizás la mayor prueba que Abraham atravesó en toda su vida, y fue el clímax que Dios había preparado para él, la prueba de fe que lo catapultaría de tal manera que el Abraham que descendería de aquel monte era uno mucho mayor que el que había salido de su tierra más de treinta años atrás, o el que había salido de su casa rumbo a Moriah tres días antes. Después de esto, Dios se dirigió a él:

> Por mí mismo he jurado, dice Jehová, que por cuanto has hecho esto, y no me has rehusado tu hijo, tu único hijo; de cierto te bendeciré, y multiplicaré tu descendencia como las estrellas del cielo y como la arena que está a la orilla del mar; y tu descendencia poseerá las puertas de sus enemigos. En tu simiente serán benditas todas las naciones de la tierra, por cuanto obedeciste a mi voz. Y volvió Abraham a sus siervos, y se levantaron y se fueron juntos a Beerseba; y habitó Abraham en Beerseba. (Gn 22:16-19)

Esta es la maravillosa historia del padre de la fe, el hombre a través del cual vino la nación de Israel y, posteriormente, el Mesías, según la carne. El hombre que le creyó a Dios y le fue contado por justicia. Y cabe decir que quizás Abraham no pudo ver a toda su descendencia multitudinaria, pero sí pudo ver la promesa cumplida a través del nacimiento de Isaac; aún más, es muy probable que también haya podido conocer a sus nietos Esaú y Jacob, y a este último, Dios le cambiaría el nombre por Israel. Pero ya hablaremos más adelante de esto.

Quiero concluir diciendo que nuestro Dios es un Dios de pactos que cumple sus promesas. Y mientras sigamos incursionando en la nación de Israel, veremos cómo todavía hoy la promesa y la fidelidad de Dios siguen siendo visibles en ese linaje bendito. Todo el desarrollo histórico y las grandes profecías que aún están por cumplirse en la nación de Israel responden a un mismo propósito: la fidelidad de Dios. A pesar de que tantas veces le fallaron, Él los restauró en su misericordia. Y aún más, permítame adelantarme un poco a lo que voy a compartir luego: a pesar de que ellos rechazaron al Mesías y fueron esparcidos, todavía hay un plan poderoso de parte de Dios que se cumplirá pronto en esa amada nación. E insisto, todo es producto de la fidelidad de Dios. Él le hizo una promesa a Abraham y la va a cumplir de principio a fin.

Por lo tanto, estimado lector, lo animo a que se atreva a creerle a Dios. Él también puede hacer grandes cosas con usted, pero hay que creerle porque «sin fe es imposible agradar a Dios» (He 11:6).

# CAPÍTULO 2

# SURGE UNA NACIÓN

«Ahora, así dice Jehová, Creador tuyo, oh Jacob, y Formador tuyo, oh Israel: No temas, porque yo te redimí; te puse nombre, mío eres tú». (Is 43:1)

Sin duda alguna, la vida de Abraham fue sobresaliente, y se convirtió en el hombre que Dios usó para traer a Isaac, el hijo de la promesa. Sin embargo, en este momento comenzaba el gran reto que parecía humanamente imposible, que Dios levantara de Isaac un pueblo, una nación tan numerosa como las estrellas del cielo o la arena del mar. Pero como bien usted sabe, Dios cumplió su palabra, aunque la formación de la nación de Israel como tal fue un proceso lleno de fuego y dolor, hasta que llegó a ser el pueblo que Dios había ideado. En este capítulo me enfocaré en el nacimiento y desarrollo como tal del linaje de Abraham, su transición de pueblo a nación, y sobre todo, en la importancia que ha tenido Israel en el mundo entero.

Al terminar la narrativa de Abraham, el libro de Génesis comienza a enfocarse, a partir del capítulo 24, en Isaac y su descendencia. Es verdad que no se ofrecen demasiados relatos específicos sobre la vida de Isaac, quizás debido a que el propósito fundamental de Dios estaría centrado en Jacob, el hijo de Isaac, más tarde Israel, para darle continuidad a su plan divino. No obstante, sí cabe decir en relación con Isaac que hubo al menos dos momentos sobresalientes en su vida que fueron esenciales para que Dios pudiera cumplir su propósito. El primero, cuando Isaac tomó por esposa a una parienta suya, Rebeca, de las tierras de Mesopotamia.

Antes de morir, Abraham envió a su siervo Eliezer bajo juramento a la tierra de la cual él había salido, con el fin de que tomara esposa para su hijo Isaac, ya que la tierra de Canaán, donde vivían, era muy idólatra. Parece que Abraham sabía que si Isaac tomaba esposa de entre aquellos idólatras, había el peligro de que desviara su corazón. Y fue así que aquel siervo, tras una serie de vellones cumplidos y señales providentes de Dios, pudo traer de Mesopotamia a Rebeca, nieta de Nacor, hermano de Abraham. Sobre esto, leemos en la Biblia: «Rebeca también alzó sus ojos, y vio a Isaac, y descendió del camello; porque había preguntado al criado: ¿Quién es este varón que viene por el campo hacia nosotros? Y el criado había respondido: Este es mi señor. Ella entonces tomó el velo, y se cubrió. Entonces el criado contó a Isaac todo lo que había hecho. Y la trajo Isaac a la tienda de su madre Sara, y tomó a Rebeca por mujer, y la amó; y se consoló Isaac después de la muerte de su madre» (Gn 24:64-67).

Para aquellos amantes de las profecías escatológicas, permítanme decirles que este evento es un tipo precioso de cómo será el encuentro de Jesús, el esposo, con la iglesia, su novia, en el momento del arrebatamiento. El Espíritu Santo levantará a la iglesia para presentársela al amado. ¡Oh, gloria a Dios! ¡Espero ese día hermoso cuando seremos transformados en un abrir y cerrar de ojos!

El otro momento sobresaliente en la vida de Isaac fue cuando oró por su esposa para que pudiera tener hijos. Al igual que Sara, Rebeca traía el mismo problema de infertilidad en su vientre. Es llamativo ver cómo todo aquel que forma parte de un plan de Dios, siempre tendrá obstáculos del mal que intentarán interrumpir el propósito divino.

¡Pero qué alentador es ver la manera en que Dios, una y otra vez, se glorifica a través de las imposibilidades humanas! Dios hizo el milagro. Y así lo narra la Biblia en Génesis 25: «Y oró Isaac a Jehová por su mujer, que era estéril; y lo aceptó Jehová, y concibió Rebeca su mujer» (v. 21).

Ahora bien, como resultado de aquel milagro, Rebeca quedó embarazada de mellizos, Esaú y Jacob. Ese nacimiento quedaría marcado por un acto profético, porque el hijo que nacería de último tomaría a su hermano mayor del calcañar, algo profético y simbólico de lo que sería la vida de Jacob. Dice la Palabra: «Cuando se cumplieron sus días para dar a luz, he aquí había gemelos en su vientre. Y salió el primero rubio, y era todo velludo como una pelliza; y llamaron su nombre Esaú. Después salió su hermano, trabada su mano al calcañar de Esaú; y fue llamado su nombre Jacob» (vv. 24-26).

Jacob, a pesar de ser el segundo, crecería con un deseo casi obsesivo de tomar la bendición de la primogenitura, es decir, el derecho que le pertenecía a su hermano por ser el primero y que lo habilitaría un día con una bendición mayor del padre sobre su cabeza. Lo que sucede es que en los tiempos antiguos, antes de morir, los patriarcas acostumbraban a bendecir a sus hijos; y en el caso de los primogénitos, había una bendición mayor que se desataba sobre ellos, no solo espiritual, sino también material. Por tal motivo, Jacob, en su anhelo por ser bendecido, negoció con su hermano para tomar su primogenitura a cambio de un plato de guiso rojo (vv. 29-34). Y esa misma pasión, aunque también inducido por su madre, lo llevó a tomar la arriesgada e incorrecta decisión de engañar al padre, quien estaba ciego, haciéndose pasar por su hermano Esaú para recibir sobre sí la bendición que Isaac iba a desatar sobre el primogénito.

Antes de seguir con la historia y juzgar demasiado a Jacob, permítame defenderlo un poco, porque Jacob, a pesar de que tomó malas decisiones, era un joven apasionado y tenía un anhelo por algo mayor de Dios. Tal parece que sabía que Dios lo había llamado a hacer algo más que un cocinero, o un joven escondido en su tienda. Solo que como no conocía aún los secretos que luego entendió para tener un encuentro con Dios y recibir sobre sí la bendición celestial, tomó aquella decisión de engañar a su padre.

No quiero ocupar mucho espacio repasando esta conocida historia, solo deseo recalcar que cuando Esaú llega horas después para ser bendecido por su padre y se entera de que Jacob había suplantado su lugar, recrimina al padre, y ante esto Isaac responde: «Yo le bendije, y será bendito» (Gn 27:33). El pasaje nos deja ver que, a pesar de que Jacob había actuado mal, detrás de la historia oscura está la mano de Dios permitiendo todo aquello para que Jacob recibiera la bendición, porque sería a través de él que Dios levantaría a la nación de Israel y, posteriormente, al Mesías. Por eso, la Palabra dice luego: «Como está escrito: A Jacob amé, mas a Esaú aborrecí» (Ro 9:13). Recuerde, Dios usa lo vil y menospreciado. Así como sucedió con Abram, también Dios eligió a Jacob y a su descendencia. Pregúntese, ¿cuántas naciones hay en el mundo mayores que Israel en cuanto a tierra o poder? Seguramente muchas, pero es en ese pequeño país donde Dios ha puesto sus ojos. Y aunque tantos odian al linaje de Jacob, nadie lo ha podido destruir por completo. Así que usted y yo también calificamos para recibir de Dios.

## «Formador tuyo, oh Israel»

Aquel trágico evento de usurpación despertó en Esaú un odio tan fuerte hacia su hermano, que prometió matarlo, por lo que Jacob tuvo que huir a casa de Labán, hermano de su madre Rebeca. Lo que Jacob no sabía era que de ese momento en adelante comenzaría una difícil y dolorosa etapa de unos veinte años, en los cuales Dios trataría con él a través del fuego de la prueba para convertirlo en Israel. De ahí el encabezado de este capítulo: «Ahora, así dice Jehová, Creador tuyo, oh Jacob, y Formador tuyo, oh Israel: No temas, porque yo te redimí; te puse nombre, mío eres tú» (Is 43:1).

Note que en este versículo se evidencia algo realmente profundo, y es que Dios hizo a Jacob en el vientre de su madre, pero a Israel lo formó, porque para poder convertir a Jacob en Israel, tendría que pasarlo primero por una serie de pruebas y dolores terribles con la finalidad de formarlo conforme a su propósito. En ocasiones, cuando Dios nos llama a servirle, queremos inmediatamente comenzar a hacer grandes cosas para Él, pero olvidamos que cuando somos llamados es que comienza el proceso de santificación y purificación, en el cual Dios nos moldea conforme a la persona que Él quiere que seamos, y cabe decir que esto generalmente lo hace a través del dolor y el sufrimiento. Como resultado, el Abram que salió de los caldeos, no sería el mismo Abraham que después iría a ofrecer a su hijo Isaac. El David que fue ungido cuando solo era un joven inexperto, no sería el mismo rey maduro de carácter que pediría a Joab que no matara a su hijo rebelde (2 S 18:5). Y el Simón Pedro terco y apresurado que una vez entregaría a Jesús, no sería el mismo Pedro que predicaría luego lleno del Espíritu Santo en Pentecostés y en casa de Cornelio.

Lo que trato de decir es que a todo aquel que Dios ha llamado, primero lo hace pasar a través de un proceso de formación, en el que quitará aquellas cosas que no se alinean con su perfecta voluntad y comenzará a poner otras cosas que faltan en su carácter, pero que son necesarias para el cumplimiento del propósito celestial. Por eso, le doy gloria a Dios, porque aunque estamos mejor de lo que antes fuimos, aún no hemos alcanzado el resultado final que Dios ha preparado para nosotros. No obstante, Él nos llama por lo que seremos y no por lo que hemos sido; Él llama a las cosas que no son como si fuesen.

Y sobre la base de este mismo principio es que Dios permite que Jacob pase por un difícil período de veinte años, en el cual lo formaría para poder ser luego aquel Israel del que saldrían las doce tribus del pueblo escogido por Dios. En esos veinte años, tendría que huir por su vida, y tendría que trabajar con paciencia durante siete años por la mujer que había amado para ser finalmente engañado por su suegro, quien le entregaría como esposa a Lea, la mayor, con la excusa de entregarle a Raquel siete días después, pero con el compromiso de trabajar siete años más. También Jacob sería engañado en lo concerniente a su salario, pues se lo cambiarían diez veces. Sin embargo, aquellos veinte años de sufrimiento, trabajo y dolor doblegarían la carne de aquel Jacob usurpador. Y cuando ya Dios había tratado con él, le dijo que regresara a su tierra. Aunque antes de eso, faltaba un último evento que cambiaría la vida de Jacob para siempre, algo sin lo cual no hubiera podido seguir, una experiencia que lo transformaría para siempre y terminaría de formarlo para poder llegar a ser Israel, y me refiero al encuentro que tuvo con Dios en Peniel.

La Palabra de Dios enseña que, en su travesía para volver a casa, Jacob tenía tal preocupación por la reacción de su hermano cuando lo viera, que le envió presentes por adelantado para avisar de su llegada, mas nada de aquello parecía calmar la ira de Esaú. En la víspera de aquel encuentro, sabiendo Jacob que estaba muy cerca, ocurrió lo siguiente: «Y se levantó aquella noche, y tomó sus dos mujeres, y sus dos siervas, y sus once hijos, y pasó el vado de Jaboc. Los tomó, pues, e hizo pasar el arroyo a ellos y a todo lo que tenía. Así se quedó Jacob solo; y luchó con él un varón hasta que rayaba el alba» (Gn 32:22-24).

En esta historia, me sorprende mucho la determinación con la cual Jacob se dispuso a buscar a Dios, sabiendo que muy probablemente al siguiente día, su hermano lo mataría a él y a su familia. Y en esa búsqueda desesperada, se encontró luchando a solas con un ser celestial que forcejeó con él. Supongo que, al principio de aquella lucha, en medio de las tinieblas de la noche, Jacob pensó que se trataba de algún hombre natural que había venido para matarlo. Pero en algún momento de la lucha, y de alguna manera, parece que Jacob se dio cuenta de que aquel no era un hombre cualquiera, sino que se trataba de un ser celestial. Entonces, se aferró a aquel momento, sabiendo que su vida dependía de ese encuentro con Dios, y clamó por su bendición. Mire la manera tan hermosa en que Génesis 32 narra este suceso:

> Y cuando el varón vio que no podía con él, tocó en el sitio del encaje de su muslo, y se descoyuntó el muslo de Jacob mientras con él luchaba. Y dijo:

> Déjame, porque raya el alba. Y Jacob le respondió: No te dejaré, si no me bendices. Y el varón le dijo: ¿Cuál es tu nombre? Y él respondió: Jacob. Y el varón le dijo: No se dirá más tu nombre Jacob, sino Israel; porque has luchado con Dios y con los hombres, y has vencido. Entonces Jacob le preguntó, y dijo: Declárame ahora tu nombre. Y el varón respondió: ¿Por qué me preguntas por mi nombre? Y lo bendijo allí. Y llamó Jacob el nombre de aquel lugar, Peniel; porque dijo: Vi a Dios cara a cara, y fue librada mi alma. (vv. 25-30)

Al leer este pasaje, lo primero que quiero recalcar es que, así como Abraham tuvo un aparente encuentro con Cristo preencarnado a través de la figura de Melquisedec, todo parece indicar que aquí Jacob tuvo también un encuentro con Cristo mismo preencarnado. Esto es lo que se llama una teofanía o una Cristofanía, o sea, una aparición de Cristo en el Antiguo Testamento. Y lo sabemos, principalmente, porque vemos que después de aquella experiencia, Jacob llama a aquel lugar «Peniel», que significa «El rostro de Dios». Y además dice luego: «Vi a Dios cara a cara, y fue librada mi alma» (v. 30).

Durante toda su vida, Jacob había estado en busca de la bendición de Dios, aunque la había procurado de manera humana y con sus propias fuerzas. Pero esa noche, en tan solo unos minutos o unas horas, la vida de Jacob fue transformada porque tuvo un encuentro con el Ángel de Jehová, Cristo mismo preencarnado.

Mi estimado hermano, déjeme hacer una pausa aquí para apuntar que la bendición solo se obtiene cuando tenemos un encuentro con el Cristo glorificado. Nuestras vidas nunca más serán iguales. Y eso fue lo que le sucedió a Jacob, se aferró a aquel encuentro con Cristo, y el Ángel de Jehová lo bendijo cambiando su nombre de Jacob a Israel: «No se dirá más tu nombre Jacob, sino Israel; porque has luchado con Dios y con los hombres, y has vencido» (v. 28).

Al igual que le sucedió a Abraham, aquel encuentro que Jacob tuvo con Dios transformó su vida para siempre y le dio la bendición que tanto había estado buscando. Y fue así como Dios bendijo aquel encuentro de ambos hermanos, Esaú y Jacob, quienes se abrazaron y lloraron juntamente (Gn 33:4). De igual manera, la actual nación de Israel es una nación con propósito divino, pero está en grandes tinieblas espirituales. Sin embargo, así como Cristo se le manifestó a Abraham y a Jacob en el desierto, así también el Espíritu Santo se encargará de revelarles a Cristo en el tiempo de la gran tribulación. Tan solo espere que lleguemos a ese capítulo para que comprenda cuán hermoso será ese momento.

## Nace un pueblo

Luego de aquel reencuentro maravilloso, la Biblia enseña que Jacob se estableció con sus doce hijos en la tierra de Siquem, pero en los planes de Dios había un propósito mayor, y era llevarlos a la tierra de Egipto, a pesar de lo doloroso que sería posteriormente para todos ellos. Y es así como en el libro de Génesis se nos narran una serie de historias fascinantes, merecedoras de una película de la mejor calidad. Me refiero a esos momentos impactantes, como cuando José fue vendido por sus hermanos a los mercaderes madianitas, su tiempo de esclavitud en Egipto, su encarcelamiento, su exaltación como segundo en el reino, y sobre todo, la manera tan hermosa en que perdonó a sus hermanos, a pesar de todo lo que le habían hecho.

Cuando miramos la historia triste de José, vemos que no solo fue un tipo de Cristo, sino que Dios lo usó para preservar la vida de su familia debido al hambre tan terrible que azotó a toda aquella región, según Génesis 41:54. Fue así como Jacob con toda su familia, un total de sesenta y seis personas, se trasladaron a Gosén para ser sustentados por José. Y fue allí, en la tierra de Egipto, que de aquel grupo de solo setenta personas, contando a José, su esposa e hijos, Dios levantó un pueblo tan numeroso y bendecido: «Y los hijos de Israel fructificaron y se multiplicaron, y fueron aumentados y fortalecidos en extremo, y se llenó de ellos la tierra» (Éx 1:7). Moisés habló de este milagro en Deuteronomio, cuando les dijo a los hijos de Israel en el desierto: «Con setenta personas descendieron tus padres a Egipto, y ahora Jehová te ha hecho como las estrellas del cielo en multitud» (Dt 10:22).

A veces, para poder ver la multiplicación y la bendición de Dios, Él nos llevará a lugares solitarios como hizo con José, y será ahí donde nos bendecirá. La verdadera riqueza espiritual no depende del lugar en que te encuentres, sino de estar en la perfecta voluntad de Dios, aunque para nuestra carne sea incómodo. Eso fue lo que Dios hizo con Jacob y su familia, los llevó a Egipto a través de la historia triste de José, para allí sustentarlos y hacerlos crecer en número.

No obstante, años después de la muerte de aquella primera generación que entró a Egipto, un Faraón que no conocía a José se llenó de odio y celos por el pueblo de Israel, por lo que los oprimió forzándolos a hacer trabajos pesados. Entonces, el pueblo se convirtió en esclavo del Faraón. Así dice la Palabra: «Y los egipcios hicieron servir a los hijos de Israel con dureza, y amargaron su vida con dura servidumbre, en hacer barro y ladrillo, y en toda labor del campo y en todo su servicio, al cual los obligaban con rigor» (Éx 1:13-14).

Sin embargo, qué grato es saber que aquellos años de esclavitud no habían sorprendido a Dios, pues Él mismo había avisado ya desde antes a su siervo Abraham, diciendo: «Ten por cierto que tu descendencia morará en tierra ajena, y será esclava allí, y será oprimida cuatrocientos años. Mas también a la nación a la cual servirán, juzgaré yo; y después de esto saldrán con gran riqueza» (Gn 15:13-14).

Después de cuatro siglos de esclavitud, Dios envía a Moisés para liberar a los hebreos de mano de los egipcios a través de diez plagas impactantes que demostrarían el poder de Dios. Como es conocido, la historia de Moisés, aquel libertador, fue de principio a fin una historia llena de tantos momentos y enseñanzas impresionantes que necesitaríamos un libro entero para explicarlos. En cada momento histórico de la nación de Israel ha habido alguien que Dios levantaba para cumplir su propósito, y en este período fue Moisés, un hombre de ochenta años que pensaba que ya Dios había terminado con él, pero que fue usado de manera poderosa por Dios. Y fue a través de él que Dios, con mano poderosa y brazo extendido, sacó a los israelitas de Egipto para ir al desierto durante cuarenta años hasta llegar a la tierra prometida. Usted puede leer esta historia maravillosa en el libro de Éxodo, ya que si fuéramos a comentar todo lo que pasó en el desierto, necesitaríamos varios libros.

En el desierto, el pueblo pudo ver la mano de Dios obrando como nunca lo habían visto. Ellos vieron el mar Rojo abrirse en dos, el agua fluir de una roca, el maná caer del cielo cada mañana, etc. En fin, esos cuarenta años fueron de provisión divina y milagros sobrenaturales. Pero, sobre todo, en esos cuarenta años Dios les dio leyes para convertirlos en una gran nación. Eran un gran número de personas; algunos estudiosos hablan de uno o dos millones que salieron de Egipto en total. Sin embargo, era un pueblo sin leyes ni organización. Es más, en muchos momentos de esa travesía por el desierto, podemos ver que aunque eran libres, todavía pensaban y actuaban como esclavos, con complejo de inferioridad. Por consiguiente, Dios los tuvo que formar en el desierto, a través de las pruebas, para hacer de ellos una nación poderosa.

Pasados esos cuarenta años, Dios los hizo entrar a la tierra prometida por mano de Josué, para heredar la tierra que Él le había prometido al padre de la fe casi quinientos años atrás. Verdaderamente, tenemos un Dios fiel que cumple sus promesas. Lo que para Abram parecía una locura —que de él saldría un hijo y una descendencia numerosa que poseería la tierra que Abram un día pisó por fe (Gn 13:14-18)—, Dios lo hizo una realidad. Y aunque Abraham no pudo ver con sus ojos físicos a Israel entrando a la tierra de Canaán, sí lo pudo ver a través de la fe con sus ojos espirituales, porque creyó que era fiel el que lo había prometido.

## Benditos para bendecir

Antes de terminar este capítulo, quiero enfocarme en un aspecto muy importante acerca del llamado de Dios a Israel. Cuando estudio la historia de la nación, una de las cosas que más me ha llamado la atención es cuán determinante e influyente ha sido esta nación para el mundo entero. Desde la esfera espiritual, económica, política y aun científica, los judíos han sido de gran bendición para el mundo entero. Y cuando escudriñamos en la Biblia el porqué de tal singularidad, encontramos la respuesta en Génesis 12, un pasaje que ya analizamos en el capítulo anterior, referido al momento en que Dios llama a Abram para que saliera de su tierra bajo la siguiente promesa: «Y haré de ti una nación grande, y te bendeciré, y engrandeceré tu nombre, y serás bendición. Bendeciré a los que te bendijeren, y a los que te maldijeren maldeciré; y serán benditas en ti todas las familias de la tierra» (vv. 2-3).

En esta promesa del Señor, le dice que lo bendeciría, engrandeciendo su nombre y haciendo de él una gran nación. Además, también le dice algo muy poderoso: «y serás bendición». Precisamente aquí se muestra el propósito o la esencia de la bendición de Dios para Abram; no solo él sería bendecido, sino que a través de él la bendición de Dios llegaría a más personas, a aquellos de su linaje según la carne, y también a todas las naciones, porque le dijo: «y serán benditas en ti todas las familias de la tierra».

En este capítulo, pretendo que usted pueda recibir una enseñanza espiritual: cuando Dios lo bendice, no es solo a usted, sino también a su familia, su comunidad y su descendencia. Es decir, Dios no solo lo salvó a usted, sino que está interesado en su familia y su futura descendencia para que ellos también sean influenciados por lo que Él ha hecho en usted.

Por eso, cuando Dios bendijo a Abram, puso en él una semilla, una palabra que aún sigue germinando a través de los siglos, para que fuera de bendición a todas las familias de la tierra. Esto me recuerda un pasaje de Génesis 1 donde se narra lo siguiente: «Después dijo Dios: Produzca la tierra hierba verde, hierba que dé semilla; árbol de fruto que dé fruto según su género, que su semilla esté en él, sobre la tierra. Y fue así» (v. 11). Llama la atención que aquella orden que Dios dio a la tierra de que produjera hierba verde, semilla, árbol y fruto, ha seguido teniendo efecto solo porque Dios dijo la palabra en el principio. Así también la palabra que Dios decretó sobre Abram y su linaje ha permanecido en pie a través de los siglos, e Israel ha sido de gran bendición para el mundo entero.

El apóstol Pablo, refiriéndose en Romanos 9 al plan de Dios para la nación de Israel, citó algunas bendiciones que han venido por medio de ellos. El pasaje dice así: «Porque deseara yo mismo ser anatema, separado de Cristo, por amor a mis hermanos, los que son mis parientes según la carne; que son israelitas, de los cuales son la adopción, la gloria, el pacto, la promulgación de la ley, el culto y las promesas; de quienes son los patriarcas, y de los cuales, según la carne, vino Cristo, el cual es Dios sobre todas las cosas, bendito por los siglos. Amén» (vv. 3-5).

Permítame comentar brevemente algunas de estas bendiciones que han venido a través de la nación de Israel, algunas que aparecen en este pasaje y otras no. En primer lugar, vemos en la Biblia que *la ley* vino por medio del pueblo de Israel. Cuando escuchamos esto, la mayoría de los cristianos se escandalizan porque estamos ahora en la gracia. Pero déjeme decirle que la ley no era mala como tal, solo que resultó ineficaz para regenerar al hombre y, por eso, fue necesario un nuevo y mejor pacto. Al respecto, el apóstol Pablo dice: «Pero sabemos que la ley es buena» (1 Ti 1:8).

Si la ley no hubiera venido al pueblo de Israel, no hubiéramos conocido el carácter santo y celoso de Dios, pero gracias a la ley supimos de la justicia y santidad que nuestro Dios demanda. Al mismo tiempo, aquella ley expuso la impotencia del hombre para obedecer a Dios, trayendo maldición sobre él, pues se decía que era «maldito todo aquel que no permaneciere en todas las cosas escritas en el libro de la ley, para hacerlas» (Gá 3:10). Pero Dios, en su gracia y en respuesta a la ineficacia del hombre, trajo la gracia a través de Jesucristo. Nada de eso hubiera sido posible si la ley no hubiera venido primero al pueblo judío. Así que nosotros, como cristianos, no estamos bajo la ley, pero sí tenemos que reconocer que fue algo bueno, enviado por Dios para que luego pudiera venir Cristo.

En segundo lugar, a través del pueblo de Israel recibimos la bendición de los patriarcas, aquellos hombres cuyas vidas y fe nos inspiran. Fueron aquellos grandes hombres de Dios que marcaron la historia, héroes de la fe como Abraham, Isaac y Jacob, hombres cuyo caminar con Dios nos dio un ejemplo a todos nosotros.

También de Israel vino la bendición de los profetas. Esta frase, «los profetas», se pudiera usar para hablar de todos los libros proféticos del Antiguo Testamento que suman, en total, la Palabra de Dios. Pero cuando hablo de los profetas, también me refiero a aquellos hombres y mujeres de Dios que desarrollaron una comunión tan profunda con Él que sirvieron como voz de alerta en tiempos cruciales. Personas como Moisés, María la profetisa (Éx 15:20), Samuel, Daniel, Isaías, Jeremías, entre otros muchos, cuyas profecías trajeron tanta bendición que anunciaron hasta la propia llegada del Mesías, e incluso algunas profecías que todavía permanecen sin cumplirse hasta el día de hoy, pues están reservadas para el tiempo del fin. Estos fueron hombres de Dios que vivieron a través de la revelación del Espíritu más allá de sus propias épocas respectivas.

En conexión con el ejemplo anterior, debemos recordar que también la Biblia, es decir, las Escrituras, vinieron a través del pueblo judío. Todos los escritores del Antiguo Testamento, así como los del Nuevo fueron israelitas, con excepción de Lucas, quien era un griego convertido al evangelio. Pero en su mayoría, especialmente en el Antiguo Testamento, eran del pueblo judío (Ro 3:2).

Sin embargo, por encima de todo, debemos dar gracias a Dios, porque a través del linaje de Abraham vino el Mesías, Jesús el Cristo. Este Jesús es la simiente de la mujer, de la cual profetizó Dios a la serpiente en Génesis diciendo: «Y pondré enemistad entre ti y la mujer, y entre tu simiente y la simiente suya; esta te herirá en la cabeza, y tú le herirás en el calcañar» (Gn 3:15). Jesucristo es la simiente de la mujer, el Hijo de Dios que se hizo carne y que hirió a Satanás en la cruz del Calvario. También Jesús es la simiente de Abraham, la simiente de la que profetizó Dios a Abraham cuando le dijo: «En tu simiente serán benditas todas las naciones de la tierra» (Gn 22:18). Por eso, en los Evangelios, especialmente en Mateo y Lucas, encontramos la genealogía de Jesús para dejarnos bien claro que Él era, según la carne, descendiente de Abraham y de David, porque para ser el Mesías tenía que cumplir con la profecía. Y así como Dios lo anunció a través de esa simiente que es Cristo, todas las naciones de la tierra han sido bendecidas. Por medio de su sacrificio en la cruz del Calvario, millones de almas de todas las naciones han alcanzado la mayor bendición de todas, la salvación eterna, tan solo por creer en el sacrificio y la resurrección de aquel que es del linaje de Abraham. ¡Gloria a Dios por Jesucristo! Y bendita sea la nación de Israel, porque a Dios le plació traer al Mesías de ese linaje bendito.

Además, debemos recordar que en el seno del pueblo judío nació la iglesia, porque Él vino a «lo suyo» (Jn 1:11), y por eso en Pentecostés, cuando la iglesia nace, todos los cristianos eran judíos. Solo que como Dios tenía el plan maravilloso de salvar a todas las naciones, Él permitió que la mayor parte del pueblo judío no lo recibiera para abrir la puerta de salvación a todas las naciones. Y fue así como, poco a poco, Dios expandió su iglesia para que también los gentiles fuéramos salvos. Aunque hoy la iglesia está compuesta por creyentes de todo el mundo, no podemos olvidar que sus primeros miembros fueron judíos que creyeron en Jesús como el Mesías y que fueron ellos quienes pusieron el fundamento doctrinal de la iglesia del Señor.

Y, finalmente, también la nación de Israel ha sido de bendición al mundo en otros aspectos seculares, con la aportación de grandes científicos, filósofos y políticos que marcaron la historia para bien de alguna manera.

En fin, Israel es una nación bendita, destinada por Dios a bendecir a todas las naciones. Por eso, los cristianos verdaderos debemos estar agradecidos a Dios por Israel y orar por su restauración. Hoy en día veo a muchos creyentes que ignoran las profecías del fin y maldicen a Israel, hablando de manera despótica del linaje de Abraham. Pero, recuerde, aunque nosotros fuimos injertados en las promesas dadas a Abraham a través de la fe, no debemos jactarnos. Por eso, oramos y bendecimos a Israel.

## CAPÍTULO 3

# LA APOSTASÍA DE ISRAEL

«Dijo más Jehová a Moisés: Yo he visto a este pueblo, que por cierto es pueblo de dura cerviz». (Éx 32:9)

Cuando leemos la historia del pueblo de Israel, no cabe duda de que desde sus inicios ha sido un pueblo muy bendecido por Dios. Un linaje separado para Dios por gracia, un pueblo redimido de entre las naciones, una nación que vio y todavía sigue experimentando tantos milagros provenientes del Señor, y que ha sido de tanta bendición para el mundo entero como ya hemos comentado. En el capítulo anterior me referí a esto y a la necesidad de amar al pueblo judío.

Sin embargo, a pesar de tanta bendición y gracia de Dios, nos entristece ver cómo a través de la historia el pueblo siempre se ha inclinado hacia el pecado y la rebeldía contra Dios una y otra vez, sin importar cuántos milagros han visto o cuánta gracia y protección divina han disfrutado, trayendo sobre ellos la ira del Señor. Y esto se debe a un problema que el Señor había revelado a Moisés en el desierto, cuando le dijo: «pueblo de dura cerviz» (Éx 32:9). Creo que estas duras palabras que el Señor diría con respecto a su pueblo no solo venían como resultado de las numerosas ocasiones en que el pueblo se había desviado en el desierto, como cuando levantaron el becerro de oro o murmuraron de Moisés pidiendo agua y luego comida, sino que también y sobre todo, porque profetizaban los numerosos desvaríos que el pueblo tendría en el futuro.

De modo que Dios ordenó, en el desierto, que al entrar a la tierra prometida tomaran dos montes, Gerizim y Ebal, donde leerían las bendiciones por la obediencia y las maldiciones por la desobediencia, respectivamente; y así estos montes serían testigos y señales para las próximas generaciones de que Dios había puesto delante del pueblo el bien y el mal, y ellos escogerían qué hacer.

También Moisés mismo, antes de morir, advirtió al pueblo y lo amonestó con respecto a las numerosas consecuencias de la desobediencia. Por eso, tenemos el libro de Deuteronomio en nuestras Biblias, porque el mismo es una repetición de las leyes del Señor leídas por Moisés al pueblo, aunque él sabía que, a pesar de tanta bendición, un día el pueblo se alejaría del pacto con su Dios.

Asimismo, Salomón tuvo una revelación en su espíritu acerca de esta verdad, porque el corazón del ser humano es de por sí dado a la maldad. Por consiguiente, cuando edificó el templo, aún en medio de la alegría, este hombre elevó una oración a Dios para interceder por adelantado a favor del pueblo, clamando que si algún día el pueblo se desviaba del Señor y recibía el pago por su pecado, aquel templo sirviera como lugar de reconciliación con su Dios. Entonces, Dios respondió a Salomón aquel famoso versículo que tanto repetimos: «Yo he oído tu oración, y he elegido para mí este lugar por casa de sacrificio. Si yo cerrare los cielos para que no haya lluvia, y si mandare a la langosta que consuma la tierra, o si enviare pestilencia a mi pueblo; si se humillare mi pueblo, sobre el cual mi nombre es invocado, y oraren, y buscaren mi rostro, y se convirtieren de sus malos caminos; entonces yo oiré desde los cielos, y perdonaré sus pecados, y sanaré su tierra» (2 Cr 7:12-14).

En este capítulo pretendo, con mucho respeto, cuidado y solemnidad, recordar los momentos más sobresalientes en los que el pueblo desobedeció al Señor y apostató de la verdad, desde que entraron a la tierra prometida hasta la deportación de Babilonia. Considero que este es un capítulo muy importante, primero porque nos sirve de enseñanza a nosotros, que a menudo cometemos los mismos errores y desvaríos, por lo que la historia de Israel constituye una lección para nosotros que estamos en la gracia (1 Co 10:6-12). Pero también veo importante hablar del tema en este capítulo, porque lo que vamos a aprender nos revelará el porqué de muchas de las cosas que está pasando el pueblo de Israel en la actualidad. Y, además, nos sirve de plataforma para el siguiente capítulo, donde hablaremos de la última semana de Daniel.

## Una generación que no conocía a Jehová

El primer acto de apostasía del pueblo israelita lo encontramos a inicios del libro de Jueces, donde se nos narran los eventos que sucedieron después de la conquista de la tierra prometida y la muerte de aquella generación gloriosa.

Es importante recalcar que, en los libros desde Éxodo hasta Josué, donde se exponen los hechos entre la salida de Egipto y las conquistas de Josué en la tierra de Canaán, hubo al menos dos generaciones sobresalientes. Primero, estuvo aquella generación que salió de Egipto para caminar cuarenta años en el desierto, la cual pereció a manera de un juicio divino, excepto Josué y Caleb. Solo ellos dos pudieron entrar a la tierra prometida (Nm 26:65). Después, estuvo la generación que nació en el desierto, los jóvenes que bajo el liderazgo de Josué entraron a la tierra prometida y vencieron a grandes naciones. Aquella fue la generación privilegiada que pudo ver la tierra hacia la cual caminaron sus padres por cuarenta años y que no pudieron poseer. Fue la generación que pudo saborear la leche y la miel que fluía en la tierra prometida, así como Dios había prometido.

Sin embargo, cuando toda aquella generación murió, se levantó otra, una que ya había nacido en la tierra prometida, que no tuvo que atravesar el desierto y no tuvo que clamar por agua o comida porque lo tenía todo. Pero, tristemente, fue una generación huérfana, huérfana de palabra, de revelación, de principios, de carácter y de conocimiento del Altísimo. La Biblia dice así en Jueces: «Y toda aquella generación también fue reunida a sus padres. Y se levantó después de ellos otra generación que no conocía a Jehová, ni la obra que él había hecho por Israel» (Jue 2:10).

He aquí, estimado lector, el primer momento de la historia, después de haber entrado a la tierra prometida, cuando el pueblo de Israel se olvidó de Jehová su Dios. En Deuteronomio, Él había ordenado a aquella generación anterior que instruyera a sus hijos en la palabra para que no se alejaran de los mandamientos de Dios. Había dicho: «Y estas palabras que yo te mando hoy, estarán sobre tu corazón; y las repetirás a tus hijos, y hablarás de ellas estando en tu casa, y andando por el camino, y al acostarte, y cuando te levantes. Y las atarás como una señal en tu mano, y estarán como frontales entre tus ojos; y las escribirás en los postes de tu casa, y en tus puertas» (Dt 6:6-9).

Note el énfasis que Dios hizo en que aquellos padres que tendrían hijos en la tierra prometida les enseñasen la palabra de Dios de una manera consistente y determinada, porque Dios sabía que la única forma de preservar a las siguientes generaciones de fracasar espiritualmente era que su palabra fuera sembrada en ellos. El salmista dijo: «En mi corazón he guardado tus dichos, para no pecar contra ti» (Sal 119:11).

Sin embargo, para desgracia espiritual de aquella generación que nació en la tierra prometida, sus padres no se preocuparon por enseñarle la palabra de Dios, y fue así que esa nueva generación creció sin conocer a Jehová, sin conocer las historias acerca de Él y sin revelación de su palabra. Y como era de esperar, la ausencia de palabra y la poca revelación de Dios condujeron al pueblo al pecado. Dios dijo a través del profeta Oseas: «Mi pueblo fue destruido, porque le faltó conocimiento» (Os 4:6). Cabe mencionar que ese «conocimiento» no habla de conocimiento teórico, sino de relación y comunión con Dios. Me gusta como aparece este pasaje en la versión Nueva Traducción Viviente de la Biblia: «Mi pueblo está siendo destruido porque no me conoce».

Quiero hacer una breve pausa para confesarle una gran carga que siento en mi corazón. Tengo el privilegio de haber nacido en un hogar cristiano. De hecho, soy la tercera generación de pastores por ambos lados, paterno y materno. Pero tengo una gran preocupación por mi generación y la que está naciendo, y tiene que ver mucho con lo mismo que atravesó aquella generación que nació en Canaán. Mis generaciones pasadas vivieron tiempos de gloria y avivamiento, en los que había santidad, temor de Dios y hambre por la presencia del Espíritu Santo. Sin embargo, estoy viendo que la generación que está naciendo ahora está ausente de palabra, de principios bíblicos y de experiencias genuinas con el Espíritu Santo. Y creo que, al igual que sucedió con aquella generación israelita, uno de los mayores errores ha consistido en que la generación pasada no se preocupó por transferir el manto a la siguiente generación.

Cuando leemos las historias de Abraham e Isaac, David y Salomón, Elías y Eliseo, Pablo y Timoteo, vemos que hubo una transferencia intencional del conocimiento de Dios y de la pasión por Él. Siempre hace falta que la generación del desierto, la que derrotó a los gigantes y la que vio el fuego descender pueda entregar el manto a la siguiente generación. Pero, lamentablemente, no considero que este principio se cumpla en estos tiempos. Veo a hijos de pastores alejados de Dios, o sencillamente sin pasión por servirle. Veo a jóvenes enfocados en el materialismo y en las cosas vanas, cuando la generación pasada era una que se centraba en buscar la presencia de Dios.

De manera que deseo hacer un llamado a los padres de este tiempo para que aprendamos a instruir a nuestros hijos con principios, valores y una vida íntima de oración. También aconsejo a todo joven de esta generación que busque su encuentro con Dios. Una vez Jacob, a pesar de que era nieto de Abraham e hijo de Isaac, necesitó su propio encuentro con Dios. Así también nuestra generación necesita un encuentro con el Espíritu Santo. En mi caso particular, a pesar de provenir de una familia ministerial, los momentos que más han marcado mi vida son aquellos en los que he tenido experiencias personales e íntimas con el Espíritu Santo y su palabra. Oro al Señor que nos ayude para que también otros muchos puedan sentir esa pasión por Él.

Ahora bien, volviendo a la historia bíblica, debido a la falta de conocimiento de Dios, aquella generación que nació en Canaán se alejó de Dios, y dice la Palabra: «Y tomaron de sus hijas por mujeres, y dieron sus hijas a los hijos de ellos, y sirvieron a sus dioses. Hicieron, pues, los hijos de Israel lo malo ante los ojos de Jehová, y olvidaron a Jehová su Dios, y sirvieron a los baales y a las imágenes de Asera. Y la ira de Jehová se encendió contra Israel» (Jue 3:6-8).

He aquí uno de los pecados más terribles con los cuales fue tentado Israel una y otra vez durante siglos, no solo el hecho de unirse en yugo desigual, sino sobre todo la idolatría a la que se entregó el pueblo. La idolatría es el pecado terrible de adorar a otras deidades, muñecos, ídolos o personalidades. Al respecto, Dios había dicho al pueblo en el desierto: «No te harás imagen, ni ninguna semejanza de lo que esté arriba en el cielo, ni abajo en la tierra, ni en las aguas debajo de la tierra. No te inclinarás a ellas, ni las honrarás; porque yo soy Jehová tu Dios, fuerte, celoso, que visito la maldad de los padres sobre los hijos hasta la tercera y cuarta generación de los que me aborrecen, y hago misericordia a millares, a los que me aman y guardan mis mandamientos» (Éx 20:4-6).

También Dios había ordenado en Deuteronomio 7 lo siguiente:

> Cuando Jehová tu Dios te haya introducido en la tierra en la cual entrarás para tomarla, y haya echado de delante de ti a muchas naciones, al heteo, al gergeseo, al amorreo, al cananeo, al ferezeo, al heveo y al jebuseo, siete naciones mayores y más poderosas que tú, y Jehová tu Dios las haya entregado delante de ti, y las hayas derrotado, las destruirás del todo; no harás con ellas alianza, ni tendrás de ellas misericordia. Y no emparentarás con ellas; no darás tu hija a su hijo,

> ni tomarás a su hija para tu hijo. Porque desviará a tu hijo de en pos de mí, y servirán a dioses ajenos; y el furor de Jehová se encenderá sobre vosotros, y te destruirá pronto. Mas así habéis de hacer con ellos: sus altares destruiréis, y quebraréis sus estatuas, y destruiréis sus imágenes de Asera, y quemaréis sus esculturas en el fuego. (vv. 1-5)

Sin embargo, el desconocimiento de Jehová hizo que aquel pueblo se uniera en yugo desigual con los impíos, cayendo en el pecado de la idolatría. Más adelante, enfatizaremos más en el pecado de la idolatría.

Y así como Dios había advertido, las terribles consecuencias del pecado comenzaron a caer sobre el pueblo, porque al quitarles Él la protección, los diferentes enemigos comenzaron a levantarse para oprimir a los israelitas; entre ellos los sirios, los moabitas, los filisteos, los cananeos, los madianitas, los amonitas, y otros muchos pueblos.

No obstante, cuando el pueblo se acordó de Jehová y se arrepintió, Él los oyó y se movió a misericordia. Fue entonces que surgió la era de los jueces, un período de unos trescientos años en los que Dios mandó numerosos libertadores como Otoniel, Aod, Débora y Barac, Jefté y Sansón, entre otros sobresalientes como Samuel, a quien usualmente vemos solo como profeta, pero no debemos olvidar que también fue juez. Así transcurrieron esos siglos, marcados por un constante ciclo repetitivo en el que el pueblo pecaba, Dios los entregaba a sus enemigos, ellos se arrepentían y Dios los salvaba a través de algún juez. Esto sucedió hasta que llegó la época de los reyes, cuando el pueblo pidió un rey y Dios les dio lo que habían pedido.

## ¡Queremos un rey!

Uno de los aspectos más impresionantes de Dios es que, aunque Él es soberano y todopoderoso, aun así le ha entregado al hombre el libre albedrío, ya que es solo en el libre albedrío que el verdadero amor se puede manifestar. Y fue así que cuando el pueblo pidió un rey, Dios les dio a Saúl. La Palabra se refiere a esto específicamente en el primer libro de Samuel: «Entonces todos los ancianos de Israel se juntaron, y vinieron a Ramá para ver a Samuel, y le dijeron: He aquí tú has envejecido, y tus hijos no andan en tus caminos; por tanto, constitúyenos ahora un rey que nos juzgue, como tienen todas las naciones. Pero no agradó a Samuel esta palabra que dijeron: Danos un rey que nos juzgue» (1 S 8:4-6).

Cuando Samuel oyó aquella propuesta del pueblo, aunque en su corazón pudo discernir cuán terrible era aquello, oró al Señor, el cual le dijo: «Oye la voz del pueblo en todo lo que te digan; porque no te han desechado a ti, sino a mí me han desechado, para que no reine sobre ellos. Conforme a todas las obras que han hecho desde el día que los saqué de Egipto hasta hoy, dejándome a mí y sirviendo a dioses ajenos, así hacen también contigo. Ahora, pues, oye su voz; mas protesta solemnemente contra ellos, y muéstrales cómo les tratará el rey que reinará sobre ellos» (vv. 7-9).

Permítame explicarle brevemente por qué aquella petición fue tan irreverente. Durante siglos, Dios había guiado y protegido a su pueblo, siempre y cuando el mismo le fuera fiel. Pero en aquel momento, en un intento por parecerse a las otras naciones, el pueblo despreció a Jehová y pidieron que se les diera un rey. Y Dios, a pesar de lo terrible que era aquel deseo, les dio un rey, Saúl. Creo que Saúl no fue la perfecta voluntad de Dios, sino la voluntad permisiva de Dios. No obstante, cuando Saúl pecó, Dios levantó a uno que sí estaba en su perfecta voluntad, el rey David, aquel que era conforme al corazón de Jehová y del cual vendría el Mesías, según la carne. Entonces, comenzó la dinastía de los reyes, un largo período en el que, a pesar de que hubo algunos que hicieron lo recto delante de Jehová, como Salomón, Ezequías y otros, la gran mayoría de ellos desvió al pueblo de la verdad y se entregaron al pecado. Toda la historia de los diferentes reyes de las tribus de Israel la puede usted leer en los libros de Samuel, Reyes y Crónicas.

## El pecado de Jeroboam

Ahora bien, ya que hablamos de reyes malvados, hubo uno en particular que fue el pionero del paganismo y la idolatría en el pueblo; se trata de Jeroboam, hijo de Nabat, un rey que surgió de una terrible división. Luego del reinado de Saúl, David y Salomón, el pueblo de Israel se dividió en dos debido a la falta de sabiduría de Roboam, hijo de Salomón. Este no tuvo la sabiduría para lidiar con la monarquía que su padre le había dejado, y de esta manera diez de las doce tribus se separaron de él, tomando por rey a Jeroboam, hijo de Nabat, y solamente las tribus de Judá y Benjamín quedaron con Roboam. Todo esto usted lo puede leer en el capítulo 12 del libro primero de Reyes.

De ese momento en adelante, la nación de Israel se dividió en dos: el reino de Judá con su capital en Jerusalén, y al norte el reino de las diez tribus de Israel con su capital en

Samaria; cada reino con su respectivo rey. Por ende, al leer los libros de los Reyes y las Crónicas, vemos que se va haciendo una cronología sistemática de ambos reinos, sus reyes y batallas.

El nuevo rey, Jeroboam, surgido de aquella división, y con el objetivo de que las diez tribus no fueran a Jerusalén a adorar y potencialmente quizás se volvieran a Roboam, descendiente de David, tuvo la terrible y astuta idea de construir dos altares paganos donde el pueblo adorara a los becerros de oro. Lea con atención este pasaje:

> Y habiendo tenido consejo, hizo el rey dos becerros de oro, y dijo al pueblo: Bastante habéis subido a Jerusalén; he aquí tus dioses, oh Israel, los cuales te hicieron subir de la tierra de Egipto. Y puso uno en Bet-el, y el otro en Dan. Y esto fue causa de pecado; porque el pueblo iba a adorar delante de uno hasta Dan. Hizo también casas sobre los lugares altos, e hizo sacerdotes de entre el pueblo, que no eran de los hijos de Leví. Entonces instituyó Jeroboam fiesta solemne en el mes octavo, a los quince días del mes, conforme a la fiesta solemne que se celebraba en Judá; y sacrificó sobre un altar. Así hizo en Bet-el, ofreciendo sacrificios a los becerros que había hecho. Ordenó también en Bet-el sacerdotes para los lugares altos que él había fabricado. Sacrificó, pues, sobre el altar que él había hecho en Bet-el, a los quince días del mes octavo, el mes que él había inventado de su propio corazón; e hizo fiesta a los hijos de Israel, y subió al altar para quemar incienso. (1 R 12:28-33)

Este rey malvado no solo prohibió que el pueblo fuera a Jerusalén para adorar, sino que levantó altares, instituyó sacerdotes que no eran de la tribu de Leví, creó una fiesta solemne para ir en contra de las fiestas judías y cambió las fechas de adoración para rebelarse contra los estatutos de Jehová. De tal forma que este rey se convirtió en el malévolo pionero de la idolatría en el pueblo, a tal nivel que, en los libros de los Reyes y las Crónicas, a menudo se habla de él como referencia a un rey muy pagano. De esta manera, el pueblo de Israel cayó en manos de reyes impíos que desviaron el corazón del pueblo para irse tras los ídolos, cometiendo así grandes pecados de idolatría.

## Acab, Jezabel y Elías

Otro rey de Israel que cayó también en este terrible pecado de la idolatría, trayendo grandes calamidades al pueblo, fue Acab, quien se casó con Jezabel y trajo como consecuencia para su nación tres años y medio de sequía. La Palabra relata lo siguiente acerca de este hombre:

> Y reinó Acab hijo de Omri sobre Israel en Samaria veintidós años. Y Acab hijo de Omri hizo lo malo ante los ojos de Jehová, más que todos los que reinaron antes de él. Porque le fue ligera cosa andar en los pecados de Jeroboam hijo de Nabat, y tomó por mujer a Jezabel, hija de Et-baal rey de los sidonios, y fue y sirvió a Baal, y lo adoró. E hizo altar a Baal, en el templo de Baal que él edificó en Samaria. Hizo también Acab una imagen de Asera, haciendo así Acab

> más que todos los reyes de Israel que reinaron antes que él, para provocar la ira de Jehová Dios de Israel. (1 R 16:30-33)

Notemos, en primer lugar, que este rey no solo hizo lo malo ante los ojos del Señor, sino que había sobrepasado la maldad de muchos reyes anteriores. Cometió también el peligroso error de unirse en yugo desigual al tomar por mujer a Jezabel, hija del rey pagano de los sidonios. Ella fue de gran tropiezo para Acab y todo el pueblo, seduciéndolos para adorar a Baal y Asera. Además, levantó un grupo de cuatrocientos cincuenta sacerdotes paganos para rendir culto a Baal. Y, además, fue la mente maestra del asesinato de Nabot, un justo cuya viña Acab codició, lo cual puede ver en el capítulo 21 del libro primero de Reyes. Con razón, el Señor Jesús, en su mensaje a la iglesia de Tiatira, usa el nombre simbólico de Jezabel en referencia a una mujer que estaba seduciendo a los hermanos en la congregación para fornicar y comer cosas sacrificadas a los ídolos.

Entonces, en ese tiempo, Dios levantó a un profeta llamado Elías, quien comenzó su ministerio bajo la fuerte y peligrosa proclamación profética de una gran sequía de tres años y medio que vendría a causa del pecado del pueblo. Siempre que se levanta un Acab y una Jezabel, Dios tiene un Elías que se alza con la autoridad de la palabra para decirle al pueblo: «¿Hasta cuándo claudicaréis vosotros entre dos pensamientos? Si Jehová es Dios, seguidle; y si Baal, id en pos de él» (1 R 18:21).

Aquel rey Acab terminó muerto en batalla, su esposa Jezabel murió también al ser arrojada del muro del palacio, y el pueblo terminó desviándose cada vez más de la palabra del Señor, gracias a reyes que se habían pervertido y que no tenían temor de Dios.

No obstante, cabe decir que Dios siempre tiene su remanente, y menciono este principio dentro de la historia porque debemos recordar que en medio del desánimo y la frustración de Elías, Dios le dijo: «Y yo haré que queden en Israel siete mil, cuyas rodillas no se doblaron ante Baal, y cuyas bocas no lo besaron» (1 R 19:18). Esta palabra revelaba que Dios siempre se guarda un remanente poderoso, aquellos que no se doblegan ante Baal, aquellos que no se rinden ante la presión del mundo.

## La deportación de las diez tribus

Estos breves ejemplos de Jeroboam y Acab son solo una escasa representación, un resumen histórico de lo que fue el gran pecado de idolatría de las diez tribus del norte, conocidas como el reino de Israel. Debemos recordar una vez más que la nación de Israel, sobre la cual reinaron Saúl, David y Salomón, se dividió cerca del año 928 a. C., cuando Jeroboam se llevó las diez tribus y quedaron solo las tribus de Judá y Benjamín con el linaje real de David.

Este reino del norte, compuesto por las diez tribus de Israel, perduró por poco más de dos siglos, desde el 928 hasta el 722 a. C., y en él reinaron un total de veinte monarcas en nueve períodos dinásticos, entre los cuales estaban Jeroboam, Acab y otros. La mayoría de ellos fueron perversos, con excepción de algunos como Jehú, que trajeron un tiempo de arrepentimiento y renovación para el pueblo en su búsqueda de la ley de Dios y su obediencia a la misma.

Pero la triste realidad es que durante la mayoría de este período de más de dos siglos, el reino del norte, es decir, las diez tribus de Israel, vivieron bajo una gran oscuridad espiritual, practicando pecados terribles como el ofrecer a sus hijos en sacrificio al dios pagano Moloc.

No obstante, Dios en su misericordia no solo les dio tiempo suficiente a estas tribus para que se arrepintieran, sino que les envió profetas como Elías, Eliseo, Amós y Oseas, entre otros; incluso hasta del reino de Judá les envió profetas como Isaías y Miqueas, siervos de Dios que profetizaron palabras de amonestación y exhortación para que el pueblo se volviera a Jehová antes de que fuera demasiado tarde. A pesar de las múltiples oportunidades y reprensiones del Señor, el pueblo decidió permanecer en su pecado. Por último, Dios los entregó a sus enemigos, quienes por décadas los invadieron una y otra vez, debilitando cada vez más al pueblo, hasta que finalmente, en el año 722 a. C., el reino de Asiria, primero bajo el mando del rey Salmanasar y luego de Sargón II, tomó la ciudad de Samaria para terminar con el reino de Israel.

La Biblia relata este evento así:

> En el cuarto año del rey Ezequías, que era el año séptimo de Oseas hijo de Ela, rey de Israel, subió Salmanasar rey de los asirios contra Samaria, y la sitió, y la tomaron al cabo de tres años. En el año sexto de Ezequías, el cual era el año noveno de Oseas rey de Israel, fue tomada Samaria. Y el rey de Asiria llevó cautivo a Israel a Asiria, y los puso en Halah, en Habor junto al río Gozán, y en las ciudades de los medos; por cuanto no habían atendido a la voz

> de Jehová su Dios, sino que habían quebrantado su pacto; y todas las cosas que Moisés siervo de Jehová había mandado, no las habían escuchado, ni puesto por obra. (2 R 18:9-12)

¡Qué triste es desobedecer a Dios y recibir las consecuencias de tal pecado! De aquella invasión final por parte de los asirios se dice que muchos israelitas murieron en las diferentes batallas, otros lograron huir hacia tierras del norte, algunos se refugiaron en el reino del sur (la tribu de Judá), y de los que quedaron, unos permanecieron en la tierra bajo el gobierno asirio y otros fueron deportados a Asiria. Ese fue el triste final del reino de las diez tribus de Israel, el reino del norte. De ahí viene la frase histórica «las diez tribus perdidas». Y es que no se conocen muchos detalles de qué sucedió con aquellos que fueron deportados a Asiria. Salvo que el reino de Asiria fue luego conquistado por los babilonios, el mismo reino que posteriormente llevaría cautivos a los judíos de la tribu de Judá. Por lo tanto, entre aquellos que un día regresaron de Babilonia a Israel en el tiempo de Nehemías, no solo había judíos de la tribu de Judá, sino también israelitas de otras tribus que se habían refugiado en Judá cuando los asirios los atacaron, o incluso aquellos que fueron a parar a Babilonia luego que los babilonios vencieran a los asirios. Pero el punto principal que no podemos perder de vista es que aquel reino de Israel, compuesto por las diez tribus, quedó destruido y el pueblo fue deportado producto de su pecado.

Solo como un último dato curioso, quiero añadir que el rey asirio, Sargón II, permitió que algunos israelitas quedaran en Samaria, pero los corrompió enviándoles asirios que se mezclarían con sus mujeres, y les enseñarían sus costumbres y prácticas paganas. De esa unión de israelitas con asirios que se radicaron en Samaria surgió la raza de los samaritanos, el grupo tan despreciado por los judíos en el tiempo de Jesús, ya que aquellos samaritanos no eran puros de sangre, y además tenían un judaísmo mezclado con el paganismo de los antiguos asirios.

## La deportación de Judá

Ahora bien, en el caso de las tribus de Judá y Benjamín, reino que se encontraba en el sur, ocurrió algo diferente. Dios les extendió su misericordia por algunos años más, ya que, aunque aquellos asirios intentaron también invadir a Judá un tiempo después bajo el mando de Senaquerib, hijo de Sargón II, Dios protegió al pueblo de Judá y a su rey, Ezequías, un hombre temeroso de Dios. Y de esa forma, Él no permitió que los asirios que habían destruido a las diez tribus de Israel derrotaran también al remanente de David. Toda esa historia maravillosa de cómo Dios protegió a Judá de los asirios la puede leer en el segundo libro de Reyes, los capítulos del 18 al 20.

No obstante, a pesar de tanta misericordia de Dios con la tribu de David, también esta tribu se entregó a los mismos pecados que había cometido el reino del norte, Israel. Uno de esos reyes de Judá que pervirtieron al pueblo fue Acaz, acerca del cual dice la Biblia: «Cuando comenzó a reinar Acaz era de veinte años, y reinó en Jerusalén dieciséis años; y no hizo lo recto ante los ojos de Jehová su Dios, como David su padre. Antes anduvo en el camino de los reyes de Israel, y aun hizo pasar por fuego a su hijo, según las prácticas abominables de las naciones que Jehová echó de delante de los hijos de Israel. Asimismo, sacrificó y quemó incienso en los lugares altos, y sobre los collados, y debajo de todo árbol frondoso» (2 R 16:2-4).

También encontramos entre estos reyes de Judá que se pervirtieron a Manasés, de quien dice la Biblia:

> De doce años era Manasés cuando comenzó a reinar, y reinó en Jerusalén cincuenta y cinco años; el nombre de su madre fue Hepsiba. E hizo lo malo ante los ojos de Jehová, según las abominaciones de las naciones que Jehová había echado de delante de los hijos de Israel. Porque volvió a edificar los lugares altos que Ezequías su padre había derribado, y levantó altares a Baal, e hizo una imagen de Asera, como había hecho Acab rey de Israel; y adoró a todo el ejército de los cielos, y rindió culto a aquellas cosas. Asimismo, edificó altares en la casa de Jehová, de la cual Jehová había dicho: Yo pondré mi nombre en Jerusalén. Y edificó altares para todo el ejército de los cielos en los dos atrios de la casa de Jehová. Y pasó a su hijo por fuego, y se dio a observar los tiempos, y fue agorero, e instituyó encantadores y adivinos, multiplicando así el hacer lo malo ante los ojos de Jehová, para provocarlo a ira. (2 R 21:1-6)

De esta manera, la tribu de Judá también pecó delante del Señor; y aunque a ellos les envió igualmente una muchedumbre de profetas para llamarlos al arrepentimiento, el pueblo persistió en su pecado, y fueron entregados luego en manos de los babilonios. Fue cerca de los años 586 y 537 a. C. cuando Jerusalén fue destruida por Nabucodonosor, rey de los babilonios, el cual llevó al pueblo de Judá cautivo a Babilonia, y Dios cumplió su advertencia de que los entregaría en manos de sus enemigos si persistían en el pecado.

Así había dicho Dios a través de Jeremías: «Te entregaré en mano de los que buscan tu vida, y en mano de aquellos cuya vista temes; sí, en mano de Nabucodonosor rey de Babilonia, y en mano de los caldeos» (Jr 22:25).

También debemos recordar que Moisés había advertido muchos años atrás el mismo juicio, cuando expresó lo siguiente: «Guardad, pues, todos mis estatutos y todas mis ordenanzas, y ponedlos por obra, no sea que os vomite la tierra en la cual yo os introduzco para que habitéis en ella» (Lv 20:22).

De esta manera, se cumplió la palabra de Jehová. Vino Nabucodonosor, quien destruyó el templo y la ciudad, y llevó consigo cautivos a muchos del pueblo de Judá hacia las tierras de Babilonia, donde permanecerían los judíos por cerca de setenta años, cautiverio que les traería gran amargura.

En el libro de Salmos, encontramos algunos lamentos escritos por el pueblo mientras estaban en aquellas tierras lejanas, salmos donde podemos percibir el dolor y gran lamento de aquellos judíos que atravesaban los tremendos juicios que Dios había advertido que vendrían si persistían en la idolatría. Los salmos 126 y 137 son parte de esos salmos escritos durante el cautiverio en Babilonia, los que demuestran la gran melancolía que sintió el remanente de Judá en esos años difíciles: «Cuando Jehová hiciere volver la cautividad de Sion, seremos como los que sueñan. Entonces nuestra boca se llenará de risa, y nuestra lengua de alabanza;

entonces dirán entre las naciones: Grandes cosas ha hecho Jehová con estos. Grandes cosas ha hecho Jehová con nosotros; estaremos alegres. Haz volver nuestra cautividad, oh Jehová, como los arroyos del Neguev» (Sal 126:1-4).

Junto a los ríos de Babilonia,
Allí nos sentábamos, y aun llorábamos,
Acordándonos de Sion.
Sobre los sauces en medio de ella
Colgamos nuestras arpas.
Y los que nos habían llevado cautivos nos
pedían que cantásemos,
Y los que nos habían desolado nos pedían
alegría, diciendo:
Cantadnos algunos de los cánticos de Sion.

¿Cómo cantaremos cántico de Jehová
En tierra de extraños?
Si me olvidare de ti, oh Jerusalén,
Pierda mi diestra su destreza.
Mi lengua se pegue a mi paladar,
Si de ti no me acordare;
Si no enalteciere a Jerusalén
Como preferente asunto de mi alegría.

Oh Jehová, recuerda contra los hijos de
Edom el día de Jerusalén,
Cuando decían: Arrasadla, arrasadla
Hasta los cimientos.
Hija de Babilonia la desolada,
Bienaventurado el que te diere el pago

De lo que tú nos hiciste.
Dichoso el que tomare y estrellare tus niños
Contra la peña. (Sal 137:1-9)

Estimado lector, cuán triste fue para el pueblo de Israel sufrir las consecuencias de su pecado. Con razón la Palabra dice que «la paga del pecado es muerte» (Ro 6:23). Mientras el pueblo fue fiel a Dios, Él los protegió, pero cuando se olvidó de Jehová y se volvió a los ídolos, Él los entregó a sus enemigos; de manera que las diez tribus del norte fueron llevadas cautivas por los asirios, mientras que los judíos fueron deportados a Babilonia.

Cuando leemos esta historia y las numerosas veces en que Dios intentó advertirle a su pueblo, no debemos olvidar, como ya he apuntado, las palabras que Él había dicho a Moisés: «es pueblo de dura cerviz» (Éx 32:9). Pero, sinceramente, la gran verdad es que nosotros no podemos enorgullecernos demasiado, porque así como ellos pecaron, también nosotros nos hemos descarriado muchas veces, transgrediendo una y otra vez la ley del Señor. Nosotros nos hemos rebelado muchas veces en contra de la Palabra de Dios, y hemos recibido las consecuencias de nuestro pecado. Por eso, al estudiar en este capítulo los diferentes pecados de la nación de Israel y los múltiples momentos en que apostataron del Señor, debemos tomarlo como ejemplo y advertencia, ya que la Palabra de Dios indica que «estas cosas les acontecieron como ejemplo, y están escritas para amonestarnos a nosotros, a quienes han alcanzado los fines de los siglos. Así que, el que piensa estar firme, mire que no caiga» (1 Co 10:11-12).

La gran realidad es que todo lo que fue escrito en la ley, y las historias de aquellos hombres y mujeres de Dios —sus fallos, errores, consecuencias y victorias— constituyen una enseñanza para nosotros que estamos ahora en la gracia, pero de igual manera se nos advierte: «Por tanto, es necesario que con más diligencia atendamos a las cosas que hemos oído, no sea que nos deslicemos. Porque si la palabra dicha por medio de los ángeles fue firme, y toda transgresión y desobediencia recibió justa retribución, ¿cómo escaparemos nosotros, si descuidamos una salvación tan grande?» (He 2:1-3). Por consiguiente, mi deseo es que a través de este capítulo permitamos que el Espíritu Santo nos redarguya y ayude a santificarnos más para el Señor.

Es necesario señalar también que, a pesar de que el pueblo de Judá fue deportado a Babilonia, aún había un rayo de esperanza; y es que debido a la gran misericordia del Señor, Él había anunciado desde antes, a través de Jeremías, que el cautiverio duraría poco, porque traería de nuevo a su pueblo a la buena tierra que les había dado. Todo esto lo vamos a analizar en el siguiente capítulo, donde tocaremos el tema de las setenta semanas de Daniel, una profecía fascinante y que nos va a introducir en la profundidad profética y escatológica que se viene al final.

¡Así que abróchese el cinturón, que ahora viene la mejor parte de este libro!

# CAPÍTULO 4

# LAS SETENTA SEMANAS DE DANIEL

«Setenta semanas están determinadas sobre tu pueblo y sobre tu santa ciudad». (Dn 9:24)

En el capítulo anterior reflexionamos acerca de cómo el pueblo de Israel pecó contra el Señor y fue entregado en manos de sus enemigos. Por un lado, el reino del norte, compuesto por las diez tribus de Israel, fue conquistado y deportado por los asirios, mientras que las tribus de Judá y Benjamín fueron llevadas cautivas a Babilonia bajo el ejército de Nabucodonosor, cumpliéndose así las numerosas palabras que Dios había dado a través de los profetas.

Uno de esos profetas que tanto anunciaron acerca del cautiverio de Judá fue Jeremías, aquel hombre que conocemos como «el profeta llorón», porque fue uno de los mensajeros de Dios que más sufrió, no solo el rechazo espiritual, sino también las penurias en su cuerpo por causa de la palabra. Fue también el profeta que advirtió para que el pueblo no se resistiera a Nabucodonosor, sino que se entregara, ya que todo aquello era parte del plan de Dios para corregir a su pueblo (Jr 27:12-15). Y así como él lo profetizó, sucedió. Sin embargo, qué alentador es comprobar cómo a partir de la mitad del libro Dios comienza a consolar a su pueblo por adelantado, de modo que supieran, una vez que estuvieran ya en Babilonia, que Él había permitido aquello con el fin de corregirlos en su amor y conocieran que aún tenía planes de misericordia para ellos. Entre estas profecías de paz y restitución, encontramos verdaderos tesoros, como este pasaje tan conocido: «Porque yo sé los pensamientos que tengo acerca de vosotros, dice Jehová, pensamientos de paz, y no de mal, para daros el fin que esperáis» (Jr 29:11).

Muchos hemos leído ese versículo y lo hemos repetido innumerables veces; sin embargo, cuando entendemos el contexto histórico detrás de aquella palabra, el pasaje cobra más valor porque nos muestra el gran amor de Dios, que como un padre estaba sufriendo al enviar a su pueblo a tierras lejanas para corregirlo; pero que también estaba de antemano consolándolo y diciéndole que todavía había buena voluntad por parte suya para su pueblo, y que a pesar de los múltiples pecados cometidos, aún había grandes planes de restitución. Sin lugar a duda, es cierto lo que dijo el salmista en el salmo 103:

> Misericordioso y clemente es Jehová;
> Lento para la ira, y grande en misericordia.
> No contenderá para siempre,
> Ni para siempre guardará el enojo.
> No ha hecho con nosotros conforme a
> nuestras iniquidades,
> Ni nos ha pagado conforme a nuestros
> pecados.
> Porque como la altura de los cielos sobre la
> tierra,
> Engrandeció su misericordia sobre los que le
> temen.
> Cuanto está lejos el oriente del occidente,
> Hizo alejar de nosotros nuestras rebeliones.

> Como el padre se compadece de los hijos,
> Se compadece Jehová de los que le temen.
> Porque él conoce nuestra condición;
> Se acuerda de que somos polvo. (vv. 8-14)

Este es uno de los principios más poderosos que aprendemos del carácter de nuestro Dios: aunque Él nos corrige en su amor, también nos extiende luego su mano de misericordia y gracia.

A pesar de ver a su pueblo tan desviado, Dios le dio esperanza a través de Jeremías y otros profetas, incluso hasta le dijo cuánto tiempo duraría su deportación en Babilonia: «Porque así dijo Jehová: Cuando en Babilonia se cumplan los setenta años, yo os visitaré, y despertaré sobre vosotros mi buena palabra, para haceros volver a este lugar» (Jr 29:10).

Esta profecía brindaba un rayo de esperanza a ese pueblo que estaría en el cautiverio de Babilonia. Ahora bien, siempre que Dios da una palabra profética, es necesario que alguien la crea y comience a clamar para que Él realice aquello que prometió. Y es aquí donde entra en el escenario Daniel, aquel gran profeta de Dios.

## El papel sacerdotal de Daniel

Daniel era un joven judío que fue llevado cautivo a Babilonia, y que se destacó desde su llegada por la gran sabiduría y el entendimiento que Dios le había dado, al igual que sus tres compañeros, a quienes llamaron Mesac, Sadrac y Abednego.

Daniel fue un joven que recibió una gran sabiduría de lo alto para descifrar enigmas y sueños difíciles. Un hombre temeroso de Dios que desafió el edicto del rey y que sobrevivió al foso de los leones. También fue aquel poderoso profeta al cual Dios le reveló grandes misterios proféticos con respecto al tiempo del fin, tanto así que al libro de Daniel se le llama «El Apocalipsis del Antiguo Testamento».

Sin embargo, creo que una de las labores más importantes que Daniel desarrolló en toda su vida fue el ministerio de intercesión, algo que típicamente lo desarrollaban los sacerdotes. Y no es que él fuera un sacerdote, sino que hizo la labor de intercesor a favor del pueblo . Cuando leemos el Pentateuco, vemos que en alguna ocasión Dios ideó el plan de destruir a Israel por completo, pero Moisés se levantó para interceder a favor del pueblo (Éx 32:32), siendo así un tipo de Cristo, que es nuestro Sumo Sacerdote (He 7:25). De igual manera, Daniel desarrolló ese papel tan importante, porque cuando ya todos en el pueblo pensaban que Dios se había olvidado de ellos y que estaban condenados a permanecer en Babilonia para siempre, Daniel avivó su espíritu para escudriñar en las Escrituras, y al encontrar en el libro de Jeremías que Dios había dicho que después de los setenta años los haría volver a su tierra, entonces comenzó a clamar a Él para que aquella promesa fuera cumplida.

Así describe el profeta su clamor al Señor: «En el año primero de Darío hijo de Asuero, de la nación de los medos, que vino a ser rey sobre el reino de los caldeos, en el año primero de su reinado, yo Daniel miré atentamente en los libros el número de los años de que habló Jehová al profeta Jeremías, que habían de cumplirse las desolaciones de

Jerusalén en setenta años. Y volví mi rostro a Dios el Señor, buscándole en oración y ruego, en ayuno, cilicio y ceniza» (Dn 9:1-3).

Un primer aspecto que me llama mucho la atención de este pasaje es la manera en que Dios despierta a Daniel para interceder a favor de su pueblo a través de su Palabra. Leyendo el libro de Jeremías fue que Daniel avivó el intercesor que llevaba por dentro para provocar grandes cambios en su nación. Esto nos recuerda algo poderoso, y es que la Palabra de Dios tiene el poder para avivar y vivificar nuestros corazones. El salmista dijo en el salmo 119: «Vivifícame con tu palabra» (v. 154). Ante una generación que está apagada, qué bueno es recordar que la Palabra de Dios es el recurso más poderoso que Él nos ha dejado para avivarnos.

De esa manera, Dios levantó a Daniel, quien al leer que la desolación de los setenta años ya estaba llegando a su fin comenzó a orar a Dios, confesando el pecado de su pueblo, pidiendo perdón y misericordia y apelando a las promesas del Señor. Y revela la Palabra que ante aquel clamor descendió un ángel para mostrarle el plan completo de Dios con la nación de Israel, un plan que estaría compuesto de setenta semanas de años. Así dice el texto sagrado:

> Aún estaba hablando y orando, y confesando mi pecado y el pecado de mi pueblo Israel, y derramaba mi ruego delante de Jehová mi Dios por el monte santo de mi Dios; aún estaba hablando en oración, cuando el varón Gabriel, a quien había visto en la visión al principio, volando con presteza, vino a mí como a la hora del sacrificio de la tarde. Y me hizo entender, y habló conmigo, diciendo: Daniel, ahora

> he salido para darte sabiduría y entendimiento. Al principio de tus ruegos fue dada la orden, y yo he venido para enseñártela, porque tú eres muy amado. Entiende, pues, la orden, y entiende la visión. Setenta semanas están determinadas sobre tu pueblo y sobre tu santa ciudad, para terminar la prevaricación, y poner fin al pecado, y expiar la iniquidad, para traer la justicia perdurable, y sellar la visión y la profecía, y ungir al Santo de los santos. Sabe, pues, y entiende, que desde la salida de la orden para restaurar y edificar a Jerusalén hasta el Mesías Príncipe, habrá siete semanas, y sesenta y dos semanas; se volverá a edificar la plaza y el muro en tiempos angustiosos. Y después de las sesenta y dos semanas se quitará la vida al Mesías, mas no por sí; y el pueblo de un príncipe que ha de venir destruirá la ciudad y el santuario; y su fin será con inundación, y hasta el fin de la guerra durarán las devastaciones. Y por otra semana confirmará el pacto con muchos; a la mitad de la semana hará cesar el sacrificio y la ofrenda. Después con la muchedumbre de las abominaciones vendrá el desolador, hasta que venga la consumación, y lo que está determinado se derrame sobre el desolador. (Dn 9:20-27)

## El significado de las setenta semanas de Daniel

Al leer este pasaje, vemos que un ángel desciende del cielo y le hace saber a Daniel que, efectivamente, Dios iba a cumplir su palabra de hacerlos volver a su tierra, pero le declara además la panorámica total profética del plan de Dios con la nación de Israel, no solo para ese tiempo, sino aun para el tiempo del fin. Y esto lo hace a través de esa visión de las setenta semanas, profecía que, según mi criterio, es el eslabón que conecta la historia de Israel con el futuro escatológico. Por lo tanto, permítame explicarle a continuación algunos detalles de esta profecía tan importante.

Lo primero que tenemos que aclarar es que estas setenta semanas, aparentemente, no se referían a semanas de días, sino a semanas de años , ya que al revisar la historia vemos que no todo se cumplió en solo cuatrocientos noventa días. Más bien, lo que en realidad significaba aquello es que todo el plan de Dios para con Israel se desarrollaría en un espacio de cuatrocientos noventa años.

Además, me parece muy importante aclarar que estas setenta semanas se dividirían en tres etapas principales; una primera de siete semanas, otra de sesenta y dos, y al final una última semana, conformada por años también.

## *Las primeras siete semanas*

La primera etapa abarcó desde el año 444 a. C., cuando Artajerjes firmó el edicto que autorizaba que Jerusalén fuera reconstruida, según Nehemías 2:1-8, hasta la edificación total de la ciudad. A pesar de lo imposible que parecía y la oposición de tantos enemigos de Dios, cuando se cumplieron los setenta años de desolación, Dios tocó el corazón de varios reyes impíos como Ciro y Artajerjes para firmar edictos que permitieran la reconstrucción de la ciudad de Jerusalén. Por ende, los judíos fueron regresando progresivamente a su tierra en distintos grupos para levantar el templo y la ciudad que un día habría destruido Nabucodonosor.

Así describió Esdras aquel regreso maravilloso:

> En el primer año de Ciro rey de Persia, para que se cumpliese la palabra de Jehová por boca de Jeremías, despertó Jehová el espíritu de Ciro rey de Persia, el cual hizo pregonar de palabra y también por escrito por todo su reino, diciendo: Así ha dicho Ciro rey de Persia: Jehová el Dios de los cielos me ha dado todos los reinos de la tierra, y me ha mandado que le edifique casa en Jerusalén, que está en Judá. Quien haya entre vosotros de su pueblo, sea Dios con él, y suba a Jerusalén que está en Judá, y edifique la casa a Jehová Dios de Israel (él es el Dios), la cual está en Jerusalén. Y a todo el que haya quedado, en cualquier lugar donde more, ayúdenle los hombres de su lugar con plata, oro, bienes y ganados, además de ofrendas voluntarias para la casa de Dios, la cual está en Jerusalén. Entonces se levantaron los jefes de las casas paternas de Judá y de Benjamín, y los sacerdotes y levitas, todos aquellos cuyo espíritu despertó Dios para subir a edificar la casa de Jehová, la cual está en Jerusalén. (Esd 1:1-5)

¡Tan solo imaginemos cuán glorioso fue aquel regreso! Después de haber estado más de setenta años en cautiverio en Babilonia, de repente Dios toca el corazón del rey en turno, y miles de judíos comienzan a regresar a su tierra para reconstruir lo que un día el pecado les había quitado.

Y en la historia bíblica encontramos a hombres de Dios que fueron fundamentales para este largo proyecto.

Uno de ellos fue Zorobabel, quien lideró el primer grupo que regresó y reedificó el templo judío. Dice la Palabra que «se levantaron Zorobabel hijo de Salatiel y Jesúa hijo de Josadac, y comenzaron a reedificar la casa de Dios que estaba en Jerusalén; y con ellos los profetas de Dios que les ayudaban» (Esd 5:2). Este Zorobabel fue fundamental, porque tuvo la revelación de que el lugar más importante que había que construir como prioridad era la casa de Jehová. Quizás muchos hubieran priorizado la construcción de su almacén de comida o su negocio, pero Zorobabel sabía que Dios tenía que ser lo primero. De aquí se desprende una gran lección que debemos aprender para nuestras vidas y familias.

Otro hombre fundamental que Dios levantó fue Nehemías; él estuvo a cargo de la reconstrucción de los muros de la ciudad. Nehemías fue el hombre que tuvo que construir con una mano mientras que con la otra empuñaba la espada para defender la obra que se estaba levantando (Neh 4:17). De él aprendemos que todo proyecto que viene de Dios siempre tendrá una gran oposición, pero que debemos estar dispuestos a pelear en el espíritu, creyendo que la victoria está ya garantizada en Cristo Jesús.

Además, hubo otros hombres esenciales como el profeta Zacarías, y también el sacerdote y escriba Esdras, quien leyó la ley de Jehová ante el pueblo, porque más allá de los muros había una reconstrucción más importante que se debía hacer, y era la restauración espiritual. Por eso, Esdras tuvo la importante labor de leer a todo el pueblo la Palabra de Dios, para restaurar en ellos la pasión y obediencia al Señor. Esto nos recuerda que no puede haber una verdadera restauración o un genuino avivamiento sin la Palabra de Dios.

Fue así como, para sorpresa de muchos, a pesar de la gran oposición de los samaritanos y otros enemigos de los judíos, y de la pausa de dieciséis años que hubo por la persecución, finalmente el pueblo de Dios pudo reedificar su ciudad y el templo, así como Él había prometido. Y cuando revisamos las fechas para precisar cuánto tiempo demoró aquella primera etapa, vemos que hubo exactamente cuarenta y nueve años desde el edicto de Artajerjes hasta la finalización de la ciudad, cumpliéndose así la primera etapa de siete semanas de años. Esta primera parte de las setenta semanas era aquello por lo cual Daniel había orado principalmente, pero aún faltaba la parte más importante, la que Daniel había ignorado en un inicio, pero que Dios le había revelado en esta visión.

## *Las sesenta y dos semanas (segunda etapa)*

Ahora bien, la segunda etapa de la cual habló el ángel a Daniel se trató de un período de sesenta y dos semanas de años, o sea, cuatrocientos treinta y cuatro años, que sería el tiempo que transcurriría desde la reedificación de Jerusalén hasta la llegada del Mesías Príncipe.

Durante miles de años, la humanidad había estado esperando la llegada del Cristo. Tanto Moisés como los profetas habían anunciado que un día vendría el redentor. Y entonces, en esta visión, el ángel no solo le reveló a Daniel que la ciudad de Jerusalén sería restaurada, sino que una vez que fuera levantada, el Mesías que tanto habían esperado aparecería cuatrocientos treinta y cuatro años después. ¡Vaya!

Verdaderamente en esta visión Daniel recibió mayor revelación de la que había esperado. ¡Y justo como el ángel lo había anunciado, así sucedió!

Seguramente usted recordará en la narrativa bíblica de los Evangelios aquel domingo cuando Jesús entró en Jerusalén montado sobre un pollino. Pues resulta que ese mismo día se estaba cumpliendo, según el calendario hebreo, la culminación de la semana número sesenta y nueve. O sea, las siete semanas primeras, más las otras sesenta y dos. Recordemos que el ángel había dicho a Daniel: «Sabe, pues, y entiende, que desde la salida de la orden para restaurar y edificar a Jerusalén hasta el Mesías Príncipe, habrá siete semanas, y sesenta y dos semanas; se volverá a edificar la plaza y el muro en tiempos angustiosos. Y después de las sesenta y dos semanas se quitará la vida al Mesías, mas no por sí» (Dn 9:25-26).

Durante tres años y medio, Jesús ministró en Judea, Samaria y Galilea, pero cuando llegó el tiempo en que había de ser entregado para morir y dar su vida por la humanidad, hizo su entrada triunfal en Jerusalén por la puerta oriental, el mismo día que se cumplía la semana sesenta y nueve de la profecía de Daniel. De esta manera, Jesús estaba dando otra prueba más de que Él era el Mesías que el pueblo de Israel había esperado tanto. Aunque como veremos más adelante, el pueblo lo rechazaría y entregaría a los romanos para ser crucificado.

## *¿Y la última semana?*

Por consiguiente, vemos que se cumplió casi en su totalidad la profecía que el ángel le mostró a Daniel, porque en siete semanas de años el templo y la ciudad fueron reconstruidos. Y sesenta y dos semanas de años después apareció el Mesías, entrando por la ciudad de Jerusalén.

Pero si usted hizo la suma correctamente, se dará cuenta de que faltó una semana por cumplirse, porque desde la orden de restaurar la ciudad hasta su reconstrucción hubo siete semanas, y luego otras sesenta y dos hasta la aparición del Mesías, para un total de sesenta y nueve semanas. Por lo tanto, falta una semana para que se cumpla lo que dijo el ángel a Daniel: «Setenta semanas están determinadas sobre tu pueblo y sobre tu santa ciudad, para terminar la prevaricación, y poner fin al pecado, y expiar la iniquidad, para traer la justicia perdurable, y sellar la visión y la profecía, y ungir al Santo de los santos» (Dn 9:24).

¿Qué pasó entonces con esa última semana? ¿Por qué no se terminaron de cumplir las setenta semanas de años? ¿Qué pasó con Israel en relación con aquella profecía divina?

A pesar de que algunas personas tratan de buscar eventos históricos de la iglesia primitiva con los cuales justificar el presunto cumplimiento de esa última semana de años, la verdad es que no encontramos suficiente evidencia para pensar que se cumpliese en algún momento. Todo parece indicar que aquella última semana de la profecía dada a Daniel se quedó sin cumplir, o al menos, que hubo una pausa profética en ese plan de setenta semanas. ¿Por qué razón? Para abrir la puerta de salvación a los gentiles, así como Dios lo había anunciado: «Ellos me movieron a celos con lo que no es Dios; me provocaron a ira con sus ídolos; yo también los moveré a celos con un pueblo que no es pueblo, los provocaré a ira con una nación insensata» (Dt 32:21).

Más adelante, quiero seguir abundando en esta profecía de las setenta semanas y, sobre todo, en por qué Dios detuvo su plan con Israel para salvar a los gentiles, y cómo reanudará la profecía en el tiempo del fin. Pero antes, en el siguiente capítulo, me referiré a algunos detalles importantes de la llegada del Mesías y ciertas cosas que sucedieron.

CAPÍTULO 5

# EL MESÍAS, LA SIMIENTE DE ABRAHAM

«En tu simiente serán benditas todas las naciones de la tierra, por cuanto obedeciste a mi voz». (Gn 22:18)

Cuando regresamos a la historia del padre de la fe y de la nación de Israel, Abraham, encontramos una promesa maravillosa que Dios le había hecho en cuanto al futuro, quizás la mayor de las profecías que Dios le dio. Y es cuando le dice esas palabras que encabezan este capítulo: «En tu simiente serán benditas todas las naciones de la tierra» (Gn 22:18).

Esta profecía es la más importante porque aquí Dios estaba hablando específicamente acerca del Mesías, el Cordero de Dios preparado desde antes de la fundación del mundo para venir un día a redimir al hombre de su pecado. Y al leer esta profecía, entendemos entonces por qué Dios llamó a Abraham e hizo de él una gran nación; no solo para demostrar su fidelidad, o incluso traer la ley, sino para traer al Mesías de ese linaje sanguíneo. Esa simiente, estimado lector, es la persona de Cristo, el Verbo que se haría carne y que nacería del linaje de Abraham según la carne, para poder traer salvación a Israel y a todas las naciones de la tierra.

Permítame en este capítulo abundar, al menos un poco, en las profecías y tipologías principales del Antiguo Testamento que apuntaron hacia Cristo, anunciando su llegada, porque pienso que precisamente a ese evento señaló proféticamente todo el Antiguo Testamento. Desde Génesis hasta Malaquías, en algunos pasajes más evidente que en otros, el mensaje central que encontramos es la caída del hombre, su insuficiencia para agradar a Dios, y sobre todo, la promesa de un Mesías, el postrer Adán que vendría para salvar al hombre del pecado y sus consecuencias. Considero que no podemos escribir un libro profético sin levantar en alto el nombre de Cristo, no solo porque toda la Biblia y la profecía del futuro están ligadas a la persona de nuestro Rey y Salvador, sino también porque la Biblia dice que «el testimonio de Jesús es el espíritu de la profecía» (Ap 19:10).

## La simiente de la mujer

La primera profecía que hizo alusión a Jesucristo en el Antiguo Testamento la encontramos, precisamente, donde todo comenzó, donde el hombre y la mujer fueron engañados para caer de su grandeza: el jardín del Edén.

La Palabra enseña en Génesis 3 que luego que Adán y Eva pecaran contra Dios, este llamó a cuentas al hombre y a la mujer, dándoles así una serie de castigos y consecuencias terribles por su pecado. Pero también Jehová llamó a la serpiente y le dijo: «Por cuanto esto hiciste, maldita serás entre todas las bestias y entre todos los animales del campo; sobre tu pecho andarás, y polvo comerás todos los días de tu vida. Y pondré enemistad entre ti y la mujer, y entre tu simiente y la simiente suya; esta te herirá en la cabeza, y tú le herirás en el calcañar» (Gn 3:14-16).

Sobre este relato de la serpiente, tenemos que aclarar que la serpiente de la cual se habla en este pasaje sí fue un animal real, no un animal simbólico, sino un reptil que existía incluso desde el Edén, pero que fue usado por Satanás para hablar aquellas palabras perversas que hicieron pecar a Eva. De manera que la serpiente sí fue real, y Satanás habló a través de ella. Por eso, en Apocalipsis se le llama el «dragón, la serpiente antigua, que es el diablo y Satanás» (Ap 20:2).

Cuando Dios emite el juicio sobre la serpiente, la condena a arrastrarse sobre la tierra, con lo que se da a entender que quizás antes podía caminar con patas o tal vez hasta volar. Pero también se le da una profecía que no era tanto para la serpiente, sino para quien había hablado a través de la misma, o sea, para Satanás, la serpiente antigua. La Palabra del Señor dice: «Y pondré enemistad entre ti y la mujer, y entre tu simiente y la simiente suya; esta te herirá en la cabeza, y tú le herirás en el calcañar» (Gn 3:15).

Sin lugar a duda, esta profecía apuntó a la cruz del Calvario, donde ocurriría una batalla tremenda, pues en aquella cruz estaría colgado el Hijo de Dios, quien se habría convertido también en el Hijo del Hombre al haber nacido de una mujer, siendo así «la simiente de la mujer» de la cual había profetizado Dios. Y aunque en esa cruz Satanás pareciera haber herido a Jesús, haciendo que todo el pueblo lo crucificara, aquella herida fue descrita en Génesis como una pequeña herida en el calcañar. No obstante, la victoria que Cristo Jesús consiguió sobre Satanás en la cruz del Calvario se comparó con una gran herida de muerte que Cristo le provocaría a Satanás en la cabeza.

En la cruz, Jesús derrotó al pecado y venció posteriormente a la muerte, levantándose al tercer día; pero también derrotó a Satanás y a sus demonios, porque dice la Palabra que «despojando a los principados y a las potestades, los exhibió públicamente, triunfando sobre ellos en la cruz» (Col 2:15).

Por ende, aunque Satanás pensó en el Edén que le había ganado la batalla a Dios al engañar al hombre para que se rebelase contra Él, el diablo no sabía que ya Dios tenía preparada una solución, el postrer Adán, la simiente de la mujer y también la simiente de Abraham, que lo heriría de muerte en la cruz del Calvario. De manera que Satanás es un enemigo que ya está vencido. Aún anda suelto, pero sus días están contados, pues está herido de muerte.

## Dios se proveerá de Cordero

La segunda profecía o figura profética del Antiguo Testamento de la cual quiero hacer mención es el milagro maravilloso ocurrido en Génesis 22, el famoso pasaje donde Dios ordena a Abraham que sacrifique a su hijo Isaac.

No quiero narrar de nuevo esta asombrosa historia porque ya lo hemos hecho en páginas anteriores. Solo deseo detenerme en la palabra profética que Abraham le dijo a su hijo Isaac cuando este le preguntó dónde estaba el cordero para el holocausto. Abraham le respondió: «Dios se proveerá de cordero para el holocausto, hijo mío» (v. 8). Aquellas palabras trascenderían la historia, ya que no solamente profetizaron lo que sucedió en los siguientes minutos, sino que también constituyeron una palabra profética que apuntaba a la llegada y el sacrificio del Mesías.

Como quizás usted sepa, cuando Abraham tenía a su hijo preparado sobre el altar para matarlo y ofrecerlo, el Señor intervino diciéndole que no le hiciera daño al muchacho, y además, proveyendo un cordero que apareció detrás de ellos, trabado por los cuernos en un zarzal. Aquel cordero fue tomado entonces por Abraham, quien lo ofreció en lugar de Isaac, su hijo. Pero tal parece que Abraham tuvo ese día revelación del Mesías que vendría para tomar el lugar del hombre en sacrificio expiatorio por los pecados. Como ya expliqué antes y enfatizo ahora, Abraham nombró a aquel monte «Jehová Jireh» o «Jehová proveerá». Por eso, dice el escritor de Génesis: «En el monte de Jehová será provisto» (v. 14). De manera que a aquel monte Moriah se le conoció posteriormente como el lugar donde Abraham había profetizado que Dios se proveería de un cordero.

De forma milagrosa, cerca de dos mil años después, en ese mismo grupo de montañas donde estaba el Moriah, existiría una famosa ciudad llamada Jerusalén, rodeada de varios montes, uno de ellos llamado «El monte de la calavera», nombre o apodo que recibió debido a que cuando Herodes el Grande expandió el templo, escarbó en este monte dejando así en él la apariencia de una calavera. Y fue a ese monte, el mismo donde Abraham un día profetizó, que Dios envió a su Hijo unigénito a morir en la cruz del Calvario por nuestros pecados, así como Juan el Bautista lo había descrito: «He aquí el Cordero de Dios, que quita el pecado del mundo» (Jn 1:29).

De manera que Abraham fue un hombre con revelación, un varón de Dios, que no solo profetizó misterios mesiánicos en aquel monte, sino que Cristo mismo evidenció que Abraham, en algún momento, tuvo revelación y hasta pudo ver, quizás en visión, la llegada del Mesías. Él les dijo a los judíos: «Abraham vuestro padre se gozó de que había de ver mi día; y lo vio, y se gozó. Entonces le dijeron los judíos: Aún no tienes cincuenta años, ¿y has visto a Abraham?

Jesús les dijo: De cierto, de cierto os digo: Antes que Abraham fuese, yo soy» (Jn 8:56-58).

Esto concuerda con lo que apuntó el escritor de Hebreos en cuanto a aquellos héroes de la fe del Antiguo Pacto: «Conforme a la fe murieron todos estos sin haber recibido lo prometido, sino mirándolo de lejos, y creyéndolo, y saludándolo, y confesando que eran extranjeros y peregrinos sobre la tierra» (He 11:13).

En esa promesa en singular, de la cual habla Hebreos, se hacía alusión al Mesías que un día vendría. No se refería a alguna promesa que Dios les hubiera dado, ya que todas aquellas promesas para el momento sí las vieron cumplirse. Pero la promesa que no recibirían antes de morir sería la llegada del Mesías y la patria eterna que Él les otorgaría a través de la gracia.

También el apóstol Pedro dijo en su primera carta algo maravilloso:

> Los profetas que profetizaron de la gracia destinada a vosotros, inquirieron y diligentemente indagaron acerca de esta salvación, escudriñando qué persona y qué tiempo indicaba el Espíritu de Cristo que estaba en ellos, el cual anunciaba de antemano los sufrimientos de Cristo, y las glorias que vendrían tras ellos. A estos se les reveló que no para sí mismos, sino para nosotros, administraban las cosas que ahora os son anunciadas por los que os han predicado el evangelio por el Espíritu Santo enviado del cielo; cosas en las cuales anhelan mirar los ángeles. (1 Pedro 1:10-12)

Este profundo pasaje revela que de alguna manera todos aquellos hombres de Dios del Antiguo Pacto, como

Job, Abraham, Jacob, Moisés y David, entre otros, tuvieron revelación divina de que un día llegaría el Mesías. Solo que no sería para su época. De hecho, el mismo Moisés dijo a Israel lo siguiente: «Profeta de en medio de ti, de tus hermanos, como yo, te levantará Jehová tu Dios; a él oiréis» (Dt 18:15). Este pasaje fue usado por Pedro en su mensaje en el Pórtico de Salomón como referencia profética del Mesías (Hch 3:22).

Incluso, hasta Balaam profetizó del Mesías cuando dijo: «Saldrá ESTRELLA de Jacob, y se levantará cetro de Israel» (Nm 24:17).

## Profecía de Isaías

Sin duda alguna, otro gran profeta del Antiguo Testamento, de los que mayor revelación tuvieron acerca del Mesías, fue Isaías; tanto así que a su libro se le conoce como el Evangelio de Isaías o el Evangelio del Antiguo Testamento. Este fue el hombre que dijo profecías como: «He aquí que la virgen concebirá, y dará a luz un hijo, y llamará su nombre Emanuel» (Isa 7:14). Y también: «Porque un niño nos es nacido, hijo nos es dado, y el principado sobre su hombro; y se llamará su nombre Admirable, Consejero, Dios Fuerte, Padre Eterno, Príncipe de Paz. Lo dilatado de su imperio y la paz no tendrán límite, sobre el trono de David y sobre su reino, disponiéndolo y confirmándolo en juicio y en justicia desde ahora y para siempre. El celo de Jehová de los ejércitos hará esto» (Is 9:6-7).

Asimismo, en el capítulo 53 de su libro, encontramos una de las más grandes profecías que apuntaban no solo a su llegada, sino a su muerte específicamente. Tan solo lea estos versículos:

> Despreciado y desechado entre los hombres, varón de dolores, experimentado en quebranto; y como que escondimos de él el rostro, fue menospreciado, y no lo estimamos. Ciertamente llevó él nuestras enfermedades, y sufrió nuestros dolores; y nosotros le tuvimos por azotado, por herido de Dios y abatido. Mas él herido fue por nuestras rebeliones, molido por nuestros pecados; el castigo de nuestra paz fue sobre él, y por su llaga fuimos nosotros curados. Todos nosotros nos descarriamos como ovejas, cada cual se apartó por su camino; mas Jehová cargó en él el pecado de todos nosotros. (vv. 3-6)

Tan solo en estos pocos versículos vemos cuántos detalles específicos habló el profeta acerca del Mesías. Mencionó que Él tomaría nuestro lugar, que lo despreciarían, que lo abandonarían y que cargaría el pecado de todos nosotros. De hecho, uno de los videos que más me complace ver en Internet es el de ciertos hermanos judío-cristianos que abordan a judíos ortodoxos en Israel y les hacen leer Isaías 53 para preguntarles luego de quién piensan ellos que estaba hablando el profeta. Y al leer el pasaje, la mayoría de ellos coinciden en que estaba hablando del Mesías, a pesar de que no son cristianos.

Lo triste es que muchos rabinos han intentado evitar ciertos pasajes del profeta Isaías para que la gente no ponga su mirada en Jesús. Pero no pueden esconder la verdad, porque no solo Isaías, sino toda la ley y los profetas anunciaron la llegada de Jesucristo, quien cumplió con todas las profecías en su persona. Solo que ellos no lo quieren entender, pues como dice Pablo «el entendimiento de ellos se embotó; porque hasta el día de hoy, cuando leen el antiguo pacto, les queda el mismo velo no descubierto, el cual por Cristo es quitado» (2 Co 3:14).

Estoy deseoso de llegar a los siguientes capítulos donde veremos temas tan importantes como la restauración de Israel y todas las demás profecías que están aguardadas para el tiempo del fin.

## Belén Efrata

Otro profeta que vio detalles maravillosos de la llegada del Mesías fue Miqueas, quien anunció de hecho hasta en qué ciudad nacería el Cristo. Cualquier seudoprofeta autonombrado hubiera intentado colocar el nacimiento de Jesús en la gran ciudad de Jerusalén, pero Miqueas fue muy valiente al profetizar que el Cristo nacería en Belén, la pequeña ciudad. Él dijo: «Pero tú, Belén Efrata, pequeña para estar entre las familias de Judá, de ti me saldrá el que será Señor en Israel; y sus salidas son desde el principio, desde los días de la eternidad» (Mi 5:2).

También debemos recordar que esta profecía era muy congruente con la palabra que Dios le había dado a David de que el Mesías vendría de su linaje para darle un reino eterno. Por lo que tiene gran sentido que el Mesías naciera en Belén, la ciudad de David. Y es que Dios siempre usa lo más débil y pequeño para que su nombre sea glorificado en nuestra debilidad. El apóstol Pablo dijo: «Lo vil del mundo y lo menospreciado escogió Dios, y lo que no es, para deshacer lo que es» (1 Co 1:28).

## Daniel y su visión del Mesías

Por último, quiero referirme a Daniel, profeta del cual hablamos en el capítulo anterior, un hombre que recibió visiones asombrosas en relación con la llegada del Mesías. Una de ellas fue esa visión que también había tenido en sueños Nabucodonosor acerca de su estatua construida con diferentes materiales, y que se presenta en la Biblia de esta manera: «Estabas mirando hasta que una piedra fue cortada, no con mano, e hirió a la imagen en sus pies de hierro y de barro cocido, y los desmenuzó. Entonces fueron desmenuzados también el hierro, el barro cocido, el bronce, la plata y el oro, y fueron como tamo de las eras del verano, y se los llevó el viento sin que de ellos quedara rastro alguno. Mas la piedra que hirió a la imagen fue hecha un gran monte que llenó toda la tierra» (Dn 2:34-35).

Aquella estatua que vio Nabucodonosor en sueños tipificaba los cuatro imperios que se levantarían, el Imperio babilonio, el medo-persa, el griego y el romano. Pero en esta visión se ve que una gran piedra desciende y destruye la estatua. La piedra que vio Daniel era la persona, el ministerio y el evangelio de Cristo Jesús, el cual vendría a derrotar todas las teorías y grandezas de los imperios, trayendo un nuevo reino que se establecería primero como espiritual y por gracia, pero posteriormente como un reino literal, lo que sucederá en el tiempo del milenio.

Además, en el capítulo 7, Daniel tuvo una visión donde se refiere al Mesías como «hijo de hombre»: «Miraba yo en la visión de la noche, y he aquí con las nubes del cielo venía uno como un hijo de hombre, que vino hasta el Anciano de días, y le hicieron acercarse delante de él. Y le fue dado dominio, gloria y reino, para que todos los pueblos, naciones y lenguas le sirvieran; su dominio es dominio eterno, que nunca pasará, y su reino uno que no será destruido» (Dn 7:13-14).

Y, finalmente, recordemos que este mismo Daniel recibió en la visión de las setenta semanas el anuncio de que después de la semana sesenta y nueve llegaría el Mesías a dar su vida.

Como usted puede ver, estimado lector, la llegada del Mesías fue un evento profetizado a través de todo el Antiguo Testamento; y eso que apenas incluimos menos del diez por ciento de las tantas profecías y, sobre todo, las simbologías y Cristofanías que hay en la Escritura. Lo importante es que usted sepa que todo lo que Jesús hizo y predicó había sido previamente anunciado por los profetas. Por tal motivo, me gusta mucho la manera en que Mateo, en su Evangelio, verifica muchos de los milagros y palabras de Jesús con las profecías, agregando constantemente: «Todo esto aconteció para que se cumpliese lo dicho por el Señor por medio del profeta» (Mt 1:22). Y es que sí, todo fue previamente profetizado. Por eso es imposible no ver a Jesús en el Antiguo Testamento; toda la Torá y los profetas apuntaron a Él.

## El nacimiento de Jesús

Cuando llegó el tiempo, Dios envió a su Hijo unigénito al mundo para morir por nuestros pecados, y ya no ser más el unigénito, sino el primogénito de entre muchos hermanos que serían adoptados a través de la fe. La Biblia relata que el nacimiento de Cristo Jesús fue anunciado primero por el ángel Gabriel, quien dijo a aquella humilde joven llamada María: «Y ahora, concebirás en tu vientre, y darás a luz un hijo, y llamarás su nombre JESÚS» (Lc 1:31). Una sencilla joven fue escogida por Dios, no porque fuera santa o sin pecado, sino porque era humilde y obediente, para que a través de ella el Salvador del mundo, aquel que antes era solo espíritu, se hiciera carne al nacer de su vientre, aunque no por la intervención de José, sino a través de la obra maravillosa del Espíritu Santo.

Tan solo imaginemos la grandeza de este hermoso acontecimiento. La mayor y más especial de las profecías de todo el Antiguo Testamento estaba tomando lugar, la llegada del Hijo de Dios. Aquel que estaba con el Padre desde el principio, Aquel que fue la palabra en acción que dio vida a todo (Jn 1:1-3), Aquel que estaba revestido de gloria y majestad, venía a este mundo para salvarnos. Isaías describió ese momento diciendo: «El pueblo que andaba en tinieblas vio gran luz; los que moraban en tierra de sombra de muerte, luz resplandeció sobre ellos» (Is 9:2).

La humanidad que había abandonado a Dios aún vería una extensión de su gracia y bondad al enviarles a su único hijo para que se hiciera carne como nosotros. De esta maravilla de milagro enseñó Juan en su Evangelio diciendo: «Y aquel Verbo fue hecho carne, y habitó entre nosotros (y vimos su gloria, gloria como del unigénito del Padre), lleno de gracia y de verdad» (Jn 1:14). De hecho, Juan habló posteriormente, en su primera carta, de la encarnación de Jesús como una parte fundamental de la doctrina cristiana;

al respecto expresó: «En esto conoced el Espíritu de Dios: Todo espíritu que confiesa que Jesucristo ha venido en carne, es de Dios; y todo espíritu que no confiesa que Jesucristo ha venido en carne, no es de Dios» (1 Jn 4:2-3).

Esto nos enseña, estimado lector, que nuestro Mesías, Jesús de Nazaret, no fue un mero ángel que Dios enviara en espíritu, o un ser con un cuerpo especial, inhabilitado para sentir dolor. Dios nos envió a su propio Hijo para que naciera de mujer y de esa forma fuera igual a nosotros, para poder identificarse con nuestro dolor, como dice Hebreos 4: «No tenemos un sumo sacerdote que no pueda compadecerse de nuestras debilidades, sino uno que fue tentado en todo según nuestra semejanza, pero sin pecado» (v. 15). Lo envió porque el redentor de la humanidad tenía que ser un hombre, no podía ser un ángel. Recordemos que el hombre, Adán, fue quien pecó, y por eso tenía que ser también un hombre el que redimiera a la humanidad, pero no podía ser cualquier hombre, sino uno santo y sin mancha.

Ahora bien, es importante aclarar que Jesús es la única persona que ha tenido dos naturalezas al mismo tiempo. Antes era solo espíritu, al igual que el Padre y el Espíritu Santo; pero en su nacimiento se hizo hombre y tomó nuestra naturaleza, como se expresa en Filipenses 2, «se despojó a sí mismo, tomando forma de siervo, hecho semejante a los hombres» (v. 7), aunque sin dejar de ser Dios. Este es un dato teológico muy importante acerca del cual han errado grandes predicadores.

El hecho de que Cristo se hiciera carne no lo despojó de su divinidad, porque Dios es trino. Y si el Hijo hubiera dejado de ser divino por treinta y tres años, entonces ¿tendríamos que decir que Dios estuvo incompleto por ese tiempo? ¡No, estimado lector! Jesús jamás dejó de ser divino, aunque se hizo carne, siguió siendo Dios al mismo tiempo; nunca perdió la identidad de Hijo de Dios o su divinidad. Sin embargo, de hecho se despojó de cierta gloria cuando en algún momento de la eternidad aceptó ser el Cordero de Dios, como dijo Él mismo en Juan 17: «Ahora pues, Padre, glorifícame tú al lado tuyo, con aquella gloria que tuve contigo antes que el mundo fuese» (v. 5); esto es la *kenosis*, un concepto teológico que habla de cómo el Señor se despojó de cierta gloria para poder interactuar luego con el hombre, pero Él jamás se despojó de su divinidad.

De manera que, en el ministerio de Jesús, encontramos momentos en los que actuó desde su naturaleza humana y otros en los que actuó como Dios. Por ejemplo, cuando le dijo a aquel paralítico: «Hijo, tus pecados te son perdonados» (Mr 2:5), aquella palabra causó controversia entre los escribas, quienes preguntaron: «¿Quién puede perdonar pecados, sino solo Dios?» (v. 7). Y ellos tenían razón, solo Dios puede perdonar pecados, pero no tenían revelación de que aquel Jesús era Dios.

Otro detalle muy importante sobre el nacimiento de Jesús lo adelanté previamente, y es que su concepción no vino por la intervención conyugal de José con María, sino que fue obra del Espíritu Santo. Este es un dato que repetimos mucho, pero no comprendemos su profundidad. Lo que sucede es que si Jesús hubiese sido hijo biológico de José, entonces hubiera tenido su sangre y ADN contaminado por el pecado, porque es el hombre quien transmite el problema del pecado; dice la Biblia que «como el pecado entró en el mundo por un hombre, y por el pecado la muerte, así la muerte pasó a todos los hombres, por cuanto todos pecaron» (Ro 5:12).

Como resultado, era elemental que la semilla de vida no la pusiera José, sino el Espíritu Santo para que aquel Jesús, aunque ciertamente sería hombre y Dios a la vez, cien por ciento divino y cien por ciento humano, tuviese una importante diferencia con nosotros, y es que su sangre no estuviera manchada por el pecado. Él fue y es totalmente hombre, pero como la semilla de vida no la puso José, Jesús fue limpio de pecado, sin una naturaleza caída. Y este es otro dato en el cual yerran muchos predicadores cuando dicen que Jesús tuvo que morir a su carne, en el desierto, durante aquel ayuno. Jesús fue al desierto para buscar la unción del Espíritu Santo y ser probado, porque para ser nuestro Mesías tenía que ser probado y tentado por Satanás, al cual, dicho sea de paso, venció tanto en el desierto como en el Calvario. Pero Jesús no tuvo que morir a una naturaleza caída como la nuestra. Si Él hubiera tenido un ADN contaminado por el pecado, al igual que nosotros, no hubiera calificado como perfecto. Por eso, Pedro habló de la sangre de Jesús como una *sangre preciosa*: «Sabiendo que fuisteis rescatados de vuestra vana manera de vivir, la cual recibisteis de vuestros padres, no con cosas corruptibles, como oro o plata, *sino con la sangre preciosa de Cristo, como de un cordero sin mancha y sin contaminación*, ya destinado desde antes de la fundación del mundo, pero manifestado en los postreros tiempos por amor de vosotros» (1 P 1:18-20, énfasis añadido).

¡Aleluya! ¡Qué maravilla! El Hijo de Dios se hizo carne para ser como nosotros, aunque sin perder su divinidad; y fue totalmente Santo, sin mancha alguna, llevando una vida sin pecado y de acuerdo con la voluntad de Dios. Por consiguiente, Él calificó para ser nuestro Salvador.

## El ministerio de Jesús

Sin embargo, a pesar de la grandeza de ese evento sin igual que fue el nacimiento de Cristo Jesús, muy pocos supieron en realidad quién era aquel bebé. De hecho, años más tarde, enseña la Biblia que ni siquiera sus hermanos, los que nacerían luego de José y María, creían en Él. Solo algunas pocas personas, como Simeón y Ana la profetisa, tuvieron revelación de quién era aquel niño que había nacido (Lc 2:25-38). Pero cuando llegó el tiempo de su manifestación, luego de haber sido bautizado por Juan el Bautista y de reclutarse en el desierto por un período de cuarenta días de ayuno (Lc 4), entonces comenzó su ministerio público, que empezó en Galilea, donde se había criado y más falta hacía la palabra de Dios, y continuó posteriormente por toda Judea, e incluso por parte de Samaria. Durante casi tres años y medio, Jesús estremeció a toda aquella región con una palabra tan poderosa que las personas «se admiraban de su doctrina; porque les enseñaba como quien tiene autoridad, y no como los escribas» (Mr 1:22).

Como es conocido, Jesús no solo enseñaba o predicaba, sino que también, dice la Palabra, hacía muchos milagros y señales a manera de confirmación de lo que Él enseñaba: «Y recorrió Jesús toda Galilea, enseñando en las sinagogas de ellos, y predicando el evangelio del reino, y sanando toda enfermedad y toda dolencia en el pueblo. Y se difundió su fama por toda Siria; y le trajeron todos los que tenían dolencias, los afligidos por diversas enfermedades y tormentos, los endemoniados, lunáticos y paralíticos; y los sanó» (Mt 4:23-24).

El pasaje evidencia el poder del ministerio de Jesús, ya que dice que Él enseñaba, predicaba y también sanaba. Y la clave radicaba en la unción que había recibido del Espíritu Santo para desarrollar aquel ministerio tan impactante. Él mismo, al comenzar su ministerio, leyó en Nazaret las palabras que había dicho el profeta: «El Espíritu del Señor está sobre mí, por cuanto me ha ungido para dar buenas nuevas a los pobres; me ha enviado a sanar a los quebrantados de corazón; a pregonar libertad a los cautivos, y vista a los ciegos; a poner en libertad a los oprimidos; a predicar el año agradable del Señor» (Lc 4:18-19). Y añadió posteriormente: «Hoy se ha cumplido esta Escritura delante de vosotros» (v. 21).

Este pasaje está de acuerdo con lo que luego predicara Simón Pedro en casa de Cornelio acerca de «cómo Dios ungió con el Espíritu Santo y con poder a Jesús de Nazaret, y cómo este anduvo haciendo bienes y sanando a todos los oprimidos por el diablo, porque Dios estaba con él» (Hch 10:38).

Por eso, el ministerio de Jesús causó tanto impacto en tan poco tiempo, porque la unción del Espíritu Santo lo había habilitado con una palabra muy poderosa, pero también con grandes señales y prodigios. Jesús se hizo tan popular que miles de personas salían al desierto para oírle predicar, y creció tanto en fama que incluso los fariseos tuvieron miedo de prenderle por algún tiempo, debido a que temían la reacción del pueblo. Aun los demonios se sometían ante su autoridad. Los vientos y el mar obedecían su voz. Y las grandes olas se volvían calles firmes para que, al pasar por el mar, pudiera caminar sobre las aguas.

Es que Jesús no era un hombre cualquiera, Él era y es el Hijo de Dios, aquella simiente de la mujer que heriría a la serpiente antigua en la cabeza; aquella simiente de Abraham, en quien serían benditas todas las familias de la tierra;

aquel que se manifestó a Moisés en medio de la zarza como el Ángel de Jehová; aquel que es llamado Admirable, Consejero, Dios Fuerte, Padre Eterno y Príncipe de Paz. ¡Ese es mi Jesús! ¡Ese es el Cordero de Dios que hizo su entrada a este mundo para venir a salvarnos! ¡Él es el Hijo de Dios!

Pero el punto principal de este capítulo, el mensaje más importante con el cual quiero que usted se quede, es que Jesucristo es el camino, la verdad y la vida; Él es Dios mismo, la tercera persona de la Trinidad; aquel de quien profetizó todo el Antiguo Testamento; aquel en quien se cumplieron miles de profecías; aquel a quien el Padre designó como el Redentor. Por lo cual, ¡no hay otro camino para ser salvo! ¡Solo en Jesucristo hay salvación!

Estimado lector, en el siguiente capítulo vamos a ver la triste manera en que el pueblo de Israel rechazó a su Mesías y la terrible maldición que se echarían encima, maldición que los perseguiría durante siglos.

# CAPÍTULO 6

# ¡CRUCIFÍQUENLO!

«A lo suyo vino, y los suyos no le recibieron».
(Jn 1:11)

En el capítulo anterior tratamos acerca de la relevancia profética del nacimiento de Cristo Jesús y de la grandeza de su ministerio. Vimos que durante el período de tres años y medio en que ministró hizo muchos milagros, sanó enfermos, resucitó muertos, levantó paralíticos y restauró vidas quebrantadas, como la de la mujer adúltera que aparece en Juan 8. También predicó y enseñó en las plazas judías, las sinagogas, las calles y en el monte, dejando grandes sermones como el de Mateo 5. Pero, sin duda alguna, el momento más importante del ministerio de Cristo Jesús fue aquel cuando entró a Jerusalén, sabiendo que allí sería crucificado. Y es que, a pesar de los muchos milagros y señales que Él hizo entre los judíos, finalmente ellos lo rechazaron y lo entregaron a los romanos para que fuera crucificado. Esto nos lleva a un versículo que resume muy bien lo que estaremos tratando en este capítulo, el versículo que, en mi opinión, es el más triste de toda la Biblia, y el cual encabeza este capítulo: «A lo suyo vino, y los suyos no le recibieron» (Jn 1:11).

Y encuentro tan triste ese versículo porque el mismo describe el lamentable rechazo del pueblo judío a su propio Mesías, aquel al que habían esperado durante siglos, pero que no conocieron, y por eso tendrían que recibir amargas y tristes consecuencias durante muchos siglos.

Lo primero que tenemos que entender en este versículo es que Jesús fue enviado por el Padre, principalmente, al pueblo judío, el pueblo al cual le fue dada la promesa. Por eso dice: «A lo suyo vino». Por esta razón, Jesús no vino de una mujer gentil, sino de una mujer israelita, y nació en Belén, donde mismo había nacido David, su antepasado y del cual tenía que venir obligatoriamente el linaje del Mesías, según la profecía. De manera que Jesús vino de ese linaje, porque a Abraham y su descendencia les fue dada la promesa del Mesías; y también a ellos, principalmente, Jesús les ministró durante todo su ministerio.

Con la excepción de algunos pocos milagros que Jesús hizo a ciertos gentiles, como la madre sirofenicia (Mr 7:24-30) o el centurión que rogó por su criado (Mt 8:5-13), entre otros casos, Él predicó y ministró principalmente a los judíos, porque a ellos fue enviado. Debemos recordar que, aunque en la promesa que Dios le dio a Abraham se decía que en su simiente serían benditas todas las familias de la tierra, eso no borraba la realidad de que Israel, la descendencia de Abraham, fue el pueblo que recibió la promesa del Mesías. El mismo Cristo le expresó a aquella madre sirofenicia que clamaba por la liberación de su hija: «No soy enviado sino a las ovejas perdidas de la casa de Israel» (Mt 15:24). También a la samaritana Jesús le dijo: «Vosotros adoráis lo que no sabéis; nosotros adoramos lo que sabemos; porque la salvación viene de los judíos» (Jn 4:22).

De manera que el Señor vino a la descendencia de Jacob para cumplir así la promesa. Y aunque la mayor parte de su ministerio lo realizó en Galilea y lugares desérticos, cuando se cumplió el tiempo en que debía subir a Jerusalén para ser entregado, dice la Palabra que «afirmó su rostro para ir a Jerusalén» (Lc 9:51). Fue entonces que hizo su entrada triunfal en Jerusalén entre grandes alabanzas del pueblo, pero sabiendo que horas después sería entregado para morir en la cruz. Él sabía que, aunque había sido enviado a los suyos, los suyos no lo recibirían; sin embargo, todo era parte del plan maravilloso de salvación.

Jesús entendía a qué había venido y con qué propósito se había hecho carne; no para reinar, sino para ir a la cruz. Por eso, aunque en muchas ocasiones el pueblo trató de coronarlo como rey para rebelarse contra Roma, dice la Palabra que Él huía a lugares desiertos (Jn 6:15). Aun cuando Simón Pedro, siendo usado por Satanás, trató de aconsejarle que no se dejara matar, Jesús lo reprendió, porque sabía a qué había venido a la tierra (Mt 16:23). Por eso en la Palabra se lee que afirmó su rostro para ir a Jerusalén. A menudo en la vida cristiana nos vamos a encontrar ante situaciones en las que necesitaremos del mismo carácter y determinación que tuvo Jesús para hacer la voluntad del Padre. Pero siempre que hagamos la perfecta voluntad de Dios, veremos el fruto al final.

Ahora bien, volviendo a la entrada triunfal de Jesús aquel domingo, leamos la manera en que Mateo describe ese momento tan importante:

> Y trajeron el asna y el pollino, y pusieron sobre ellos sus mantos; y él se sentó encima. Y la multitud, que era muy numerosa, tendía sus mantos en el camino; y otros cortaban ramas de los árboles, y las tendían en el camino. Y la gente que iba delante y la que iba detrás aclamaba, diciendo: ¡Hosanna al Hijo de David! ¡Bendito el que viene en el nombre del Señor! ¡Hosanna en las alturas! Cuando entró él

> en Jerusalén, toda la ciudad se conmovió, diciendo: ¿Quién es este? Y la gente decía: Este es Jesús el profeta, de Nazaret de Galilea. (Mt 21:7-11)

¿Se acuerda usted de la profecía de las setenta semanas de Daniel, aquella visión dada por el ángel al profeta? Bueno, es importante enfatizar algo que ya comenté antes, y es que se cree que ese preciso día que Jesús estaba entrando a Jerusalén terminaba la semana sesenta y nueve, cumpliéndose así lo que el ángel le había dicho a Daniel (Dn 9:26). Por favor, mantenga la profecía de las setenta semanas en su mente, porque vamos a recurrir a ella muy pronto en los siguientes capítulos. Pero lo importante en este momento es saber que, así como Dios lo había prometido, en la semana sesenta y nueve de aquella profecía el Mesías hizo su entrada triunfal, y lo más probable es que lo hiciera a través de la puerta oriental, aquella que se conocía como la puerta del Mesías.

Lo que sucede es que la antigua ciudad de Jerusalén tenía ocho puertas, dos apuntando a cada punto cardinal, y una de las puertas que daban al oriente se le llamaba la Puerta Dorada o la Puerta Oriental, por la cual se decía que entraría el Mesías. Nosotros creemos que Jesús entró por esta, porque Mateo habla en su libro de «cuando se acercaron a Jerusalén, y vinieron a Betfagé, al monte de los Olivos» (Mt 21:1). Este pasaje enseña que Jesús descendió a Jerusalén desde el monte de los Olivos, y este estaba localizado al oriente. Por lo cual, aquella entrada triunfal de Jesús a Jerusalén fue muy importante y profética, no solo porque se estaba cumpliendo la semana sesenta y nueve o porque Jesús estaba entrando por «la puerta del Mesías», sino además porque se estaban cumpliendo cientos de profecías, como aquella que decía que él vendría montado sobre un pollino: «Alégrate mucho, hija de Sion; da voces de júbilo, hija de Jerusalén; he aquí tu rey vendrá a ti, justo y salvador, humilde, y cabalgando sobre un asno, sobre un pollino hijo de asna» (Zac 9:9).

Sin lugar a duda, el pueblo judío común sabía del significado profético de aquel evento, y por eso se alegraron en gran manera y clamaron: «¡Hosanna al Hijo de David! ¡Bendito el que viene en el nombre del Señor!» (Mt 21:9). Esta palabra, «Hosanna», significa «¡Sálvanos!»; entonces, cuando recordamos que Israel era colonia de Roma y que los judíos vieron a Jesús entrando a su ciudad por la puerta oriental, cobra mucho más sentido la motivación detrás de aquella palabra y alboroto. Ellos esperaban que Jesús fuera coronado como rey para que venciera al ejército romano. Pero lo que el pueblo ignoraba era que Él no había venido para ser coronado como rey aún, sino para dar su vida, y que incluso ellos mismos cumplirían la profecía entregándolo unos días más tarde a Pilato y pidiendo su muerte.

Sin embargo, a Jesús nada le tomaba por sorpresa. Él sabía perfectamente a qué había venido y cómo lo entregarían unos días más tarde. Por tanto, ante aquel alboroto en su entrada triunfal, Jesús hizo una pausa justo antes de entrar a la ciudad y dijo llorando: «¡Oh, si también tú conocieses, a lo menos en este tu día, lo que es para tu paz! Mas ahora está encubierto de tus ojos. Porque vendrán días sobre ti, cuando tus enemigos te rodearán con vallado, y te sitiarán, y por todas partes te estrecharán, y te derribarán a tierra, y a tus hijos dentro de ti, y no dejarán en ti piedra sobre piedra, por cuanto no conociste el tiempo de tu visitación» (Lc 19:41-44).

Este triste y conmovedor pasaje no solo nos muestra la gran tristeza que sintió Jesús en aquel momento, sabiendo lo que iba a suceder en las próximas horas, sino que además pronunció una profecía terrible en la entrada de la ciudad, profecía que estudiaremos más adelante. El mundo es libre de rechazar a Jesús, pero no es libre para evitar las terribles consecuencias de este acto. La ciudad de Jerusalén, la ciudad del rey David, estaba recibiendo ese día al linaje de David, al Redentor de Israel; pero ellos lo entregarían a la muerte poco después, por lo cual sufrirían grandes consecuencias.

## La noche final

Algunos días transcurrieron después de aquella entrada triunfal, días en los cuales sucedieron algunos eventos que propiciaron que los líderes judíos acordaran finalmente matar a Jesús, a pesar de la repercusión pública que aquello podía traer, pero prefirieron esperar a la celebración de la Pascua. Y es así como, en aquella noche final, la noche antes de que el Señor muriera, lo encontramos reunido con sus discípulos en la última cena, celebrando la Pascua con ellos, comiendo del Cordero asado al fuego, de las hierbas amargas como ordenó Moisés, del pan sin levadura y del vino que tipificaría su sangre. Sería en esa cena donde Jesús constituiría por primera vez la Cena del Señor, uno de los pocos sacramentos que pasaron a la iglesia hasta que el Señor regrese. Y fue en esa misma cena donde Jesús reveló a sus discípulos que esa noche sería entregado y que uno de ellos sería el traidor. Así dice la Palabra: «Habiendo dicho Jesús esto, se conmovió en espíritu, y declaró y dijo: De cierto, de cierto os digo, que uno de vosotros me va a entregar» (Jn 13:21).

Note que Jesús se conmovió antes de decir eso que sería tan doloroso de imaginar, o sea, que uno de aquellos que Él mismo había elegido, que había caminado con Él y al que le había confiado tantas cosas, lo entregaría. Y ante la pregunta preocupante de todos sus discípulos, dice la Biblia que Jesús respondió: «A quien yo diere el pan mojado, aquel es. Y mojando el pan, lo dio a Judas Iscariote hijo de Simón. Y después del bocado, Satanás entró en él. Entonces Jesús le dijo: Lo que vas a hacer, hazlo más pronto» (Jn 13:26-27).

En ese instante, Judas se puso en pie y fue a preparar a la turba judía que luego tomaría preso a Jesús en el huerto de Getsemaní. Posteriormente, después de haber cantado algunos himnos de Salmos, como habitualmente se cantaban en la Pascua, Jesús y sus discípulos emprendieron camino hacia Getsemaní.

Solo quiero resaltar algunos momentos importantes de esa caminata rumbo a Getsemaní y lo que sucedió después. El primero tiene que ver con el torrente de Cedrón, el cual Jesús tuvo que atravesar para ir a Getsemaní. Dice la Palabra que después de haber «dicho Jesús estas cosas, salió con sus discípulos al otro lado del torrente de Cedrón, donde había un huerto, en el cual entró con sus discípulos» (Jn 18:1). Al revisar la historia vemos que este torrente era un arroyo a través del cual fluía toda la sangre de los corderos que degollaban en el templo. Y esa semana de Pascua en especial, debido a que se mataban cientos de miles de corderos, el arroyo se llenaba de sangre de estos animales. Entonces, imaginemos aquella escena tan dramática de Jesús, poniendo sus pies en el arroyo lleno de sangre de corderos, los cuales eran tipo de Él mismo, que había venido como el Cordero de Dios.

Otro momento memorable de aquel pasaje bíblico es cuando Jesús comenzó a orar al Padre para que, si fuera posible, no tuviera que ir a la cruz. Dice la Biblia que Jesús oró tres veces las mismas palabras: «Padre mío, si es posible, pase de mí esta copa; pero no sea como yo quiero, sino como tú» (Mt 26:39). Y dice Lucas 22 que «estando en agonía, oraba más intensamente; y era su sudor como grandes gotas de sangre que caían hasta la tierra» (v. 44).

Quiero detenerme brevemente para explicar este profundo e intenso momento del ministerio de Jesús. Cuando reflexionamos sobre el hecho de que el Señor le rogó al Padre que de ser posible no le hiciera tomar aquella copa, hablando de su muerte, creo importante aclarar que, desde mi punto de vista, no es que Jesús le tuviera miedo a la muerte, sino que lo más estresante para Él, si lo pudiéramos decir así, era que en su cuerpo santo, que nunca había cometido pecado, Dios Padre cargaría el pecado y el castigo de toda la humanidad. La Palabra se refiere a esto así: «Al que no conoció pecado, por nosotros lo hizo pecado, para que nosotros fuésemos hechos justicia de Dios en él» (2 Co 5:21).

En consecuencia, lo que Jesús estaba a punto de enfrentar, no era solo el sufrimiento físico, sino el tener que llevar sobre su cuerpo el castigo por el pecado de toda la humanidad, a tal nivel que, en su humanidad, se sentiría lejos de

Dios; por lo cual clamaría desde la cruz, posteriormente: «Elí, Elí, ¿lama sabactani? Esto es: Dios mío, Dios mío, ¿por qué me has desamparado?» (Mt 27:46).

De hecho, tanta fue la presión emocional sobre Jesús en aquel huerto de Getsemaní, que Lucas comenta que su sudor era como grandes gotas de sangre. Con el paso de los años, he aprendido de distintos maestros, entre ellos mi padre, que aquello no fue algo simbólico o metafórico; realmente sí existe la posibilidad de que alguien sude sangre debido a un gran nivel de estrés que provoca que los vasos sanguíneos capilares se rompan y liberen sangre por los poros de la piel. De manera que aquellas grandes gotas de sangre que relató Lucas evidencian la gran agonía emocional que Jesús atravesó esa noche, sabiendo lo que le esperaba. Sin embargo, qué bueno es saber que aun así, Él se sujetó a la voluntad del Padre, por lo cual agregó: «Pero no sea como yo quiero, sino como tú» (Mt 26:39).

Aquella determinación de ser obediente a la voluntad del Padre se resalta y alaba en Hebreos: «Y aunque era Hijo, por lo que padeció aprendió la obediencia; y habiendo sido perfeccionado, vino a ser autor de eterna salvación para todos los que le obedecen; y fue declarado por Dios sumo sacerdote según el orden de Melquisedec» (He 5:8-10). Jesús, en su naturaleza divina, no necesitaba aprender la obediencia, pero en su carne, aunque era sin pecado, tuvo que aprender a someter su voluntad a la del Padre. Y en esa misma tónica, el escritor nos dice más adelante en su carta que vivamos «puestos los ojos en Jesús, el autor y consumador de la fe, el cual por el gozo puesto delante de él sufrió la cruz, menospreciando el oprobio, y se sentó a la diestra del trono de Dios» (He 12:2).

Por último, llegó el momento cuando Judas y una gran turba de judíos fueron a donde estaba Jesús, y ante la señal de aquel beso traicionero, tomaron preso al Señor para llevarlo ante el concilio judío, dándose así inicio a una larga travesía de dolor, traición y falsas acusaciones que duraría desde aquella noche hasta el amanecer, y rompiéndose muchas leyes mosaicas en cuanto a cómo se debían de realizar los juicios; hasta que, finalmente, fue llevado a Poncio Pilato para ser entregado a la muerte.

Reflexionemos ahora en la gravedad de aquel momento. El Mesías tan prometido había estado entre ellos, había predicado, enseñado, sanado enfermos y resucitado muertos; pero aun así, por envidia, los líderes judíos lo tomaron preso y lo entregaron a Pilato, presionando al pueblo para que pidiera su muerte. Ahora usted comprenderá mejor por qué dije al principio que el versículo más triste para mí es el de Juan 1:11.

## ¡Su sangre sea sobre nosotros!

Aquel viernes en la madrugada, bien temprano, Poncio Pilato recibió a Jesús para ser procesado y juzgado. Pero como no encontró ninguna falta en Él, lo remitió a Herodes, quien tampoco encontró falta alguna digna de muerte. Entonces Pilato, en un intento por apaciguar la ira del pueblo judío, mandó que Jesús fuera azotado, creyendo que con aquel castigo ya el pueblo quedaría satisfecho. Sin embargo, los líderes judíos no se conformaron y siguieron pidiendo su muerte; por tanto, a Pilato se le ocurrió una última idea para soltar a Jesús y salvarlo de la cruz. Esta consistió en sacar a otro preso llamado Barrabás ante el pueblo para que ellos eligieran a quién debía liberar, a Jesús o a Barrabás, y como usted sabe, el pueblo eligió a Barrabás, un homicida.

Antes de seguir, permítame hacer una pausa en la narrativa bíblica para tomar nota de algo muy importante. Poncio Pilato no quería matar a Jesús porque su esposa le había advertido que había tenido sueños la noche anterior con relación a Él, por lo cual debía cuidarse de condenarlo. Así dice el pasaje: «Y estando él sentado en el tribunal, su mujer le mandó decir: No tengas nada que ver con ese justo; porque hoy he padecido mucho en sueños por causa de él» (Mt 27:19). El pasaje revela algo muy poderoso sobre el libre albedrío que Dios le dio al hombre. Aunque en verdad había un plan divino que se cumpliría, un plan para que a través de la muerte de Jesús pudiéramos obtener vida eterna, aun así Dios mismo le advirtió a Pilato y a su esposa que condenar a Jesús a la muerte era un gran pecado que no debían cometer. Esto enseña que Dios no decide quién se salva o quién se pierde; sino que Él le entregó al hombre el libre albedrío. El precio de la salvación ya fue pagado por Cristo, pero el hombre decide si recibir el regalo por fe o rechazarlo.

Sin embargo, a pesar de que Pilato fue advertido por Dios a través de su mujer, sus intereses políticos y el temor a la presión del pueblo que le decía: «Si a este sueltas, no eres amigo de César; todo el que se hace rey, a César se opone» (Jn 19:12), lo llevaron a soltar a Barrabás y condenar a Jesús, ya que el pueblo, bajo la presión de los líderes judíos, gritaban para que Jesús fuese crucificado. Así dice Mateo 27: «Pero los principales sacerdotes y los ancianos persuadieron a la multitud que pidiese a Barrabás, y que Jesús fuese muerto» (v. 20).

Por último, no teniendo ya nada más que hacer, Pilato entregó a Jesús para ser crucificado, no sin antes lavarse las manos, un acto que traería gran condenación al pueblo de Israel por lo que pasó después. Lea con atención lo que dice en Mateo 27: «Viendo Pilato que nada adelantaba, sino que se hacía más alboroto, tomó agua y se lavó las manos delante del pueblo, diciendo: Inocente soy yo de la sangre de este justo; allá vosotros. Y respondiendo todo el pueblo, dijo: Su sangre sea sobre nosotros, y sobre nuestros hijos. Entonces les soltó a Barrabás; y habiendo azotado a Jesús, le entregó para ser crucificado» (vv. 24-26).

Al leer este texto, vemos que el pueblo dijo, en medio de gran ignorancia, unas palabras que los perseguirían por muchas generaciones, echando sobre sí la culpa y la maldición de la sangre derramada por Jesús, y no solo sobre ellos, sino también sobre sus generaciones futuras. A partir de aquel momento comenzó una triste caída progresiva del pueblo judío, aquel pueblo tan amado que honramos y bendecimos.

En lo que queda de este capítulo, trataré de abarcar dos o tres juicios terribles que la nación de Israel tuvo que experimentar después de aquellas palabras de maldición, porque sé que nos servirán de enseñanza para que aprendamos a cuidar lo que hablamos, ya que la Palabra establece que «la muerte y la vida están en poder de la lengua» (Pr 18:21). Y quiero enfatizar, una vez más, que escribo estas líneas con mucho respeto y amor, porque amo profundamente al pueblo judío y estoy entusiasmado por las grandes noticias de restauración que aún les aguardan.

Veamos, primero, estas consecuencias que el pueblo tuvo que cosechar a través de los siglos debido a aquella maldición.

## ¡Sin gloria!

El primer juicio que el pueblo sufrió fue la sequedad espiritual debido a la ausencia de la gloria de Jehová. Esto lo vemos profetizado en el libro de Ezequiel, un profeta muy profundo en cuanto a eventos escatológicos. Ezequiel tuvo una visión donde él observó que la gloria de Jehová un día se iría de la ciudad: «Y la gloria de Jehová se elevó de en medio de la ciudad, y se puso sobre el monte que está al oriente de la ciudad» (Ez 11:23).

En esta visión vemos que la gloria de Jehová se iría de la ciudad y se posicionaría en el monte de los Olivos, el mismo monte desde el cual Jesús se fue al cielo frente a sus discípulos. Y esto va de la mano con la profecía que el mismo Jesús dijo a Israel: «He aquí, vuestra casa os es dejada desierta; y os digo que no me veréis, hasta que llegue el tiempo en que digáis: Bendito el que viene en nombre del Señor» (Lc 13:35). Considero que la referencia a una casa desierta hablaba en términos literales a causa de la destrucción que vendría, como estudiaremos más adelante, y también, especialmente, debido a la ausencia de gloria que quedaría en la ciudad por haber rechazado al Mesías.

Aquel que venía revestido de gloria había entrado a la ciudad como el Mesías prometido, pero el pueblo rechazó al Ungido de Jehová. Por lo cual, en el momento en que Cristo ascendió al cielo, la gloria que antes habitaba en la ciudad de Jerusalén ascendió al cielo también. Es importante recalcar que la gloria y la bendición de Dios siempre estuvieron con el pueblo de Israel mientras este se mantuvo en obediencia a Jehová. Pero, como encontramos en el libro de Jueces, Reyes y Crónicas, cada vez que el pueblo le daba la espalda a Dios, Él les quitaba su bendición y los entregaba a sus enemigos.

Por ende, en la visión de Ezequiel, él observó que la gloria de Jehová que una vez estuvo en el santuario ascendía y se colocaba en el monte de los Olivos. Cabe decir que, más adelante, el mismo Ezequiel observó que esa gloria otra vez regresaría a la ciudad por la puerta oriental, haciendo alusión, sin duda alguna, al momento del regreso de Cristo, cuando Él entrará nuevamente en la ciudad con toda su gloria, para que nunca más se vaya de esta. ¡Aleluya! En otros capítulos posteriores, estudiaremos la manera asombrosa en que el Señor restaurará a Israel en el tiempo del fin, convirtiendo a esta nación en cabecera de montes. Pero, por ahora, en lo concerniente a este capítulo, es importante reconocer que los siglos posteriores a aquella negación del pueblo fueron siglos de una gran crisis espiritual, en los que Dios entregó al pueblo a sus enemigos.

## La destrucción de Jerusalén

Uno de esos terribles enemigos a los cuales Dios entregó su pueblo fue el general romano, Tito, un hombre despiadado que destruyó la ciudad de Jerusalén.

Volviendo a aquel pasaje donde Jesús llora sobre la ciudad antes de entrar a ella, debemos recordar que, en ese mismo momento, declaró una terrible profecía que tenía que ver con esa destrucción. Él dijo: «¡Oh, si también tú conocieses, a lo menos en este tu día, lo que es para tu paz! Mas ahora está encubierto de tus ojos. Porque vendrán días sobre ti, cuando tus enemigos te rodearán con vallado, y te sitiarán, y por todas partes te estrecharán, y te derribarán a tierra, y a tus hijos dentro de ti, y no dejarán en ti piedra sobre piedra, por cuanto no conociste el tiempo de tu visitación» (Lc 19:42-44).

Esta triste profecía se cumplió en el año 70 d. C., cuando el general Tito destruyó a Jerusalén, causando gran mortandad, derribando los muros y dejando a la ciudad en ruinas, justo como Jesús lo había anunciado. En estos días, leyendo un pasaje del Evangelio de Juan, donde los líderes judíos se preguntan qué hacer con Jesús al escuchar sobre la resurrección de Lázaro, me vino algo a la mente. El pasaje dice así: «¿Qué haremos? Porque este hombre hace muchas señales. Si le dejamos así, todos creerán en él; y vendrán los romanos, y destruirán nuestro lugar santo y nuestra nación» (Jn 11:47-49).

Lo que me llamó la atención es que una de sus excusas baratas se centraba en que si dejaban que Jesús siguiera su ministerio, llegaría el momento en que los romanos destruirían el lugar santo y su nación. ¡Nada más lejos de la realidad! La destrucción vino más bien como consecuencia de haber rechazado al Mesías. Por eso, Jesús lloró sobre la ciudad en su entrada triunfal, sabiendo que aquel rechazo significaba, entre otras muchas cosas, la destrucción de la icónica ciudad que una vez David conquistó, y que luego Zorobabel y Nehemías, entre otros, reedificaron.

Después de aquella masacre dirigida por Tito, la mayoría de los judíos fueron esparcidos, quedando sin tierra y sin patria. Y por si fuera poco, los romanos, en un acto de burla y odio, cambiaron el nombre de Judea por Palestina, que significa «tierra de los filisteos». Debemos recordar que los filisteos fueron uno de los peores enemigos que Israel había enfrentado históricamente, un pueblo que ya había sido derrotado y exterminado. Sin embargo, para impedir que los judíos regresaran a su tierra, los romanos cambiaron el nombre de Judea por Palestina, lo cual, como usted sabrá, ha traído gran controversia por muchos siglos, incluso hasta la actualidad, ya que sigue presente esa constante amenaza, por parte de los árabes y otros pueblos, de tomar a Jerusalén y las tierras de Israel como posesión suya.

## El antisemitismo

Con la destrucción de Jerusalén y la aplastante victoria de los romanos, los judíos tuvieron que salir huyendo por todo el mundo de ese momento en adelante, y no fue hasta 1948 que Israel se levantó otra vez como nación, lo que veremos en los siguientes capítulos. Pero por doquiera que iban los judíos, se encontraban una y otra vez con un gran enemigo que todavía los amenaza hoy: el antisemitismo, una palabra que se usa más comúnmente hoy en día, y que se refiere al odio y la animadversión satánica hacia el linaje de Abraham. En los libros de historia hay muchos casos de antisemitismo que el pueblo de Israel ha tenido que enfrentar desde aquel momento en adelante; yo solamente mencionaré algunos.

En el año 1492, por ejemplo, en el día 9 de Av, los reyes Fernando e Isabel expulsaron a todos los judíos de España, sin permiso de llevarse sus pertenencias. Por lo que no solo los expulsaron, sino que les robaron, pues los obligaron a marcharse con las manos vacías. Se cree que muchos de los que navegaron con Cristóbal Colón, descubriendo las Américas en octubre del mismo año, fueron judíos que se cambiaron sus apellidos, tratando de encontrar una nueva vida, ya que habían sido expulsados de España. De ahí que en las Américas tengamos muchos judíos, porque ellos encontraron un refugio en el nuevo continente.

En segundo lugar, permítame dar un salto grande en la historia para detenerme en otro momento de gran antisemitismo, el más cruel quizás. Me refiero al Holocausto, aquel genocidio satánico provocado por Adolfo Hitler en contra del pueblo judío. A pesar de los numerosos intentos destinados a borrar de la historia tal crueldad, la gran verdad es que aquello sí sucedió. Cerca de seis millones de judíos, hombres, mujeres, ancianos y niños, fueron exterminados de manera malvada en los campos de concentración, las cámaras de gas y de otras muchas formas inhumanas.

También aquí en las Américas se manifestó aquel odio hacia el pueblo de Dios por parte de personas malvadas. En algunos países de Sudamérica, por ejemplo, luego de la caída de Hitler, se refugiaron muchos nazis que comenzaron sus propios clubs y reuniones secretas con el fin de continuar con los actos antisemitas. Entre estos se encontraba Adolf Eichmann, un criminal de guerra austroalemán, funcionario en el régimen nazi y uno de los principales organizadores del Holocausto. Gracias a un excelente trabajo de la inteligencia israelí, él fue apresado, trasladado a Israel y juzgado allí debido a sus crímenes de guerra. Todo esto usted lo puede ver en una excelente película histórica titulada *El juicio a Adolf Eichmann*.

Un último caso de antisemitismo en el que quiero hacer hincapié es el del barco St. Louis. El 13 de mayo de 1939 salió de Alemania con destino a La Habana, Cuba, este barco cargado con cientos de pasajeros, novecientos treinta y siete en total, de los cuales la gran mayoría eran judíos que iban huyendo de la persecución de Hitler. Todos iban con la esperanza de poder llegar a una tierra de libertad, y así salvar a sus hijos de los campos de concentración y las cámaras de gas. Pero cuando la embarcación llegó a La Habana, el 27 de mayo, el gobierno cubano de aquel momento rechazó la entrada de estos judíos al país. Por tanto, el barco salió rumbo a Estados Unidos, aunque este país también rechazó la embarcación. Finalmente, luego de muchas negociaciones por parte de algunos embajadores, se logró que Inglaterra, Países Bajos, Bélgica y Francia recibieran a los pasajeros, de los cuales, la mayoría logró sobrevivir al Holocausto, pero doscientos cincuenta y cuatro cayeron nuevamente en manos de los nazis y murieron.

Cabe decir que todas aquellas personas, gobiernos y países que en algún momento manifestaron el antisemitismo recibieron, y algunas hasta siguen recibiendo, los numerosos juicios divinos por haber sido causantes de dolor al pueblo judío, ya que todavía está en pie la promesa de Dios a Abraham y a su linaje, promesa que me interesa reiterar: «Bendeciré a los que te bendijeren, y a los que te maldijeren maldeciré» (Gn 12:3). Muchos de nuestros países deben pedirle perdón a Dios por odiar a Israel. Esto explica el porqué de que muchas naciones experimenten gran maldición y no levanten cabeza.

Sin embargo, no podemos olvidar que las numerosas aflicciones que el pueblo judío ha tenido que enfrentar desde la crucifixión de Cristo en adelante han sido parte, como ya hemos señalado, de una serie de consecuencias que vinieron como resultado de la maldición que aquella generación se echó encima cuando dijeron: «Su sangre sea sobre nosotros, y sobre nuestros hijos» (Mt 27:25). ¡Qué caro le ha costado a Israel rechazar al Mesías!

Quiero terminar este capítulo con un mensaje de esperanza: la Biblia enseña que «Misericordioso y clemente es Jehová; lento para la ira, y grande en misericordia. No contenderá para siempre, ni para siempre guardará el enojo» (Sal 103:8-9). Por lo cual, aún hay esperanza para el pueblo de Israel.

Ahora, lo invito a que siga acompañándome en los siguientes capítulos y podrá descubrir los planes grandiosos de Dios para el pueblo judío, y la relevancia de todo esto para nosotros como la iglesia gentil.

# CAPÍTULO 7

# LA PAUSA PROFÉTICA

«A lo suyo vino, y los suyos no le recibieron. Mas a todos los que le recibieron, a los que creen en su nombre, les dio potestad de ser hechos hijos de Dios». (Jn 1:11-12)

Una de las cosas extraordinarias que más me maravillan de nuestro Dios es que Él es un especialista en hacer algo bueno aun de nuestros errores y caídas. Digamos que, incluso en las cosas que parecieran ser malas, descubrimos luego que ya Dios tenía pensado un plan de redención para sacar algún provecho de aquel evento tan lamentable. Y eso lo vemos evidenciado, precisamente, en el rechazo del pueblo israelita al Mesías. Dios usó ese rechazo para que nosotros, los gentiles, pudiéramos llegar a la salvación. ¡Sí, mi estimado lector! A pesar de lo trágico que fue aquel rechazo del pueblo judío, entregando a su Mesías a los romanos, a Dios no le tomó por sorpresa. Es más, creo que podemos decir que Dios, en su soberanía, hasta lo permitió para que de esa manera los gentiles pudieran salvarse.

En este capítulo vamos a estudiar la manera en que Dios permitió que el pueblo de Israel fuera endurecido, provocando así lo que hemos denominado «la pausa profética», es decir, cuando Dios detuvo por un tiempo su plan con Israel para extender su misericordia a tantos millones de gentiles que estaban sin esperanza de salvación.

## Un plan eterno

Como ya explicamos en un capítulo anterior, cuando Dios trazó el plan de traer al Mesías, lo hizo con la idea de que este viniera del linaje de Abraham, el padre de la fe. Dios llamó a Abraham para comenzar algo poderoso con él, y fue a través de su descendencia que hizo una nación numerosa por medio de la cual vinieron los pactos, las promesas, la ley y otras muchas bendiciones. Por eso, Cristo vino a través del pueblo judío y para el pueblo judío, porque a ellos les fue dada la promesa del Mesías. Y qué maravilloso saber que al mismo padre de la fe, Abraham, Dios le había revelado que más allá de solo un pueblo, en su corazón estaba el propósito de salvar a todas las naciones. Así le dijo Dios: «En tu simiente serán benditas todas las naciones de la tierra, por cuanto obedeciste a mi voz» (Gn 22:18).

De hecho, al estudiar el Antiguo Testamento, quizás usted se sorprenda de encontrar numerosos momentos en los que Dios ofreció pistas del plan eterno que tenía de salvar no solo a los israelitas, sino también a los gentiles. Por ejemplo, es llamativo que en la genealogía de Jesús haya dos mujeres gentiles: Rahab y Rut, quienes eran la tatarabuela y la bisabuela del rey David, del cual vino Cristo. Si a algún rabino judío se le hubiera ofrecido la oportunidad de decretar cuál sería el linaje del Mesías, jamás se le hubiera ocurrido incluir a dos mujeres gentiles en un linaje tan santo. Pero como Dios es soberano, Él lo hizo así para dejar un mensaje escondido y que más adelante sería revelado, el cual enseñó Pablo, «que los gentiles son coherederos y miembros del mismo cuerpo, y copartícipes de la promesa en Cristo Jesús por medio del evangelio» (Ef 3:6).

En el Evangelio de Lucas encontramos la historia de un anciano llamado Simeón, al cual Dios le había revelado que no le llegaría la muerte antes de que viese al Ungido del Señor. Aquel anciano fue, en mi opinión, uno de los hombres que más revelación y comunión tuvieron con Dios de toda aquella generación, un verdadero profeta. Y digo esto no solo por el hecho de lo que Dios le prometió, sino porque cuando finalmente vio al niño Jesús en el templo y lo tomó en sus brazos, dijo unas palabras que revelaban el plan de Dios para salvar también a los gentiles a través de Él: «Ahora, Señor, despides a tu siervo en paz, conforme a tu palabra; porque han visto mis ojos tu salvación, la cual has preparado en presencia de todos los pueblos; luz para revelación a los gentiles, y gloria de tu pueblo Israel» (Lc 2:29-32).

¿Notó algo? Simeón dijo que Cristo sería «luz para revelación a los gentiles». Aquello parecería una blasfemia en medio del nacionalismo de muchos líderes judíos, y más aún expresado en el mismo templo de Jerusalén; pero es que Simeón estaba mirando mucho más allá, él había recibido revelación de lo que ni siquiera José o María habían comprendido. ¡Qué maravilla!

También el mismo Jesús, durante su ministerio público, dio señales del plan mayor que había, ese propósito eterno que sus discípulos todavía no entendían. Por ejemplo, aunque Jesús le dijo a aquella mujer sirofenicia que vino buscando un milagro para su hija que Él había sido enviado a las ovejas perdidas de la casa de Israel (Mt 15:24), en otro momento le expresó: «Deja primero que se sacien los hijos, porque no está bien tomar el pan de los hijos y echarlo a los perrillos» (Mr 7:27). Con la palabra «primero», Él le estaba declarando que, aunque evidentemente había que salvar a los judíos en primer lugar, también existía un plan preparado para salvar a los gentiles.

Por último, ¿qué otro ejemplo más grande pudiéramos usar que el de aquella samaritana a la cual Jesús salvó a pesar de los prejuicios de su pueblo? No debemos olvidar que, aunque los samaritanos tenían algo de israelitas en su sangre, eran una raza mestiza y estaban llenos de ritos paganos. Pero aun así dice la Biblia que a Jesús «le era necesario pasar por Samaria» (Jn 4:4).

Qué maravilloso es ver que, aunque la salvación había sido prometida a los judíos principalmente, nosotros los gentiles éramos parte también del plan eterno de Dios. Ahora entendemos mejor el famoso versículo de Juan 3 donde dice: «Porque de tal manera amó Dios al mundo, que ha dado a su Hijo unigénito, para que todo aquel que en él cree, no se pierda, mas tenga vida eterna» (v. 16). El amor de Dios se derramó para *todo el mundo*, para que *todo aquel* que crea pueda ser salvo. ¡Aleluya!

## La pausa profética

Sin embargo, para que este plan maravilloso pudiera ejecutarse, era necesario que el pueblo de Israel rechazara a su Mesías, porque si ellos lo hubieran recibido, los gentiles nos habríamos quedado sin salvación. Y es entonces que vemos la mano soberana de Dios, quien permitió que el pueblo judío fuera endurecido para que los gentiles alcanzáramos salvación. Así lo describió, con revelación divina, el apóstol Juan en su Evangelio: «A lo suyo vino, y los suyos no le recibieron. Mas a todos los que le recibieron, a los que creen en su nombre, les dio potestad de ser hechos hijos de Dios; los cuales no son engendrados de sangre, ni de voluntad de carne, ni de voluntad de varón, sino de Dios» (Jn 1:11-13).

¿Qué le pasó entonces al pueblo judío como nación? Dios los puso en pausa profética, o digamos que abrió un paréntesis de tiempo para salvar a los gentiles. El mismo Cristo dijo a los judíos: «Y caerán a filo de espada, y serán llevados cautivos a todas las naciones; y Jerusalén será hollada por los gentiles, *hasta que los tiempos de los gentiles se cumplan*» (Lc 21:24, énfasis añadido).

Permítame explicarle mejor a qué me refiero con este término de pausa profética. Regresando a la profecía de las setenta semanas de Daniel, debemos recordar que Dios le dejó ver al profeta que el plan completo para la nación de Israel consistiría en un período de setenta semanas de años, después del cual no habría más prevaricación, sino que se terminaría por completo con el pecado y habría una justicia perdurable. Leamos otra vez la profecía: «Setenta semanas están determinadas sobre tu pueblo y sobre tu santa ciudad, para terminar la prevaricación, y poner fin al pecado, y expiar la iniquidad, para traer la justicia perdurable, y sellar la visión y la profecía, y ungir al Santo de los santos» (Dn 9:24).

Como ya estudiamos previamente, Cristo Jesús hizo su entrada triunfal justo cuando se cumplía la semana sesenta y nueve, y después fue llevado a la cruz a morir por nuestros pecados. Y aunque allí Él expió el pecado a través de su sacrificio, tenemos que admitir que después de su muerte todavía no ha sucedido todo lo que este versículo prometió para el pueblo de Israel. Aún Israel no ha sido restaurado espiritualmente, más bien ahora está en gran oscuridad espiritual en su mayor parte. Tampoco ha sido restaurado políticamente al nivel que se promete en las profecías. Y aún no ha llegado el milenio, el tiempo de paz mundial profetizado en la Palabra. De manera que es evidente que no se ha terminado de cumplir la profecía de las setenta semanas, porque si no, ya estaríamos en el milenio.

Por lo tanto, ¿qué pasó con aquella semana que falta de la profecía bíblica, los últimos siete años de trato de Dios con el pueblo judío? Están reservados para el tiempo del fin, cuando Dios termine su trato con los gentiles, ponga fin así a la pausa profética y reanude su plan de redención con Israel. Esto ocurrirá en el último tiempo, una vez que la iglesia sea levantada al cielo en el arrebatamiento; entonces, Dios comenzará la última semana de Daniel, es decir, los últimos siete años en los que tratará con el pueblo judío para que reconozcan al Mesías que una vez rechazaron y así puedan ser salvos. Pero hasta que la iglesia sea levantada, Israel estará bajo un juicio de estupor, una dureza de corazón que Dios permitió en la mayor parte del pueblo para que los gentiles fuéramos salvos.

El apóstol Pablo fue uno de los que más revelación recibió de esto, e hizo una profunda exposición del tema en Romanos 11, donde explica:

> Lo que buscaba Israel, no lo ha alcanzado; pero los escogidos sí lo han alcanzado, *y los demás fueron endurecidos*. (v. 7, énfasis añadido)

> Por su transgresión vino la salvación a los gentiles, para provocarles a celos. (v. 11)

> *Ha acontecido a Israel endurecimiento en parte*, hasta que haya entrado la plenitud de los gentiles. (v. 25, énfasis añadido)

> Así también estos ahora *han sido desobedientes*, para que por la misericordia concedida a vosotros, ellos también alcancen misericordia. *Porque Dios sujetó a todos en desobediencia*, para tener misericordia de todos. (vv. 31-32, énfasis añadido)

Lo que Pablo está argumentando aquí es el resultado de la revelación profunda que él recibió acerca de cómo Dios había permitido que Israel fuera endurecido para que los gentiles resultáramos salvos. Por eso, mientras está escribiendo esta riqueza de revelación, se emociona y agrega: «¡Oh profundidad de las riquezas de la sabiduría y de la ciencia de Dios! ¡Cuán insondables son sus juicios, e inescrutables sus caminos! Porque ¿quién entendió la mente del Señor? ¿O quién fue su consejero? ¿O quién le dio a él primero, para que le fuese recompensado? Porque de él, y por él, y para él, son todas las cosas. A él sea la gloria por los siglos. Amén» (vv. 33-36).

En fin, el punto importante que reitero, y deseo que usted comprenda en este capítulo, mi estimado lector, es que Dios en su soberanía sujetó al pueblo de Israel en dureza de corazón para que de esa manera la puerta de salvación se abriera a los gentiles. Y cuando termine el trato de Dios con el mundo gentil y «se cierre la puerta del arca» en el evento del arrebatamiento, Dios retomará su plan de salvar a todo Israel, así como la Palabra promete: «Porque no quiero, hermanos, que ignoréis este misterio, para que no seáis arrogantes en cuanto a vosotros mismos: que ha acontecido a Israel endurecimiento en parte, hasta que haya entrado la plenitud de los gentiles; y luego todo Israel será salvo, como está escrito: Vendrá de Sion el Libertador, que apartará de Jacob la impiedad» (vv. 25-26).

## ¡Salvos por gracia a través de la fe!

Deseo terminar este capítulo con un punto doctrinal que considero de suma importancia, y es el que se relaciona con la salvación a través de la fe solamente, sin necesidad de las obras de la ley. Siento de parte de Dios hacer énfasis en este aspecto, porque a pesar de que amamos tanto al pueblo judío y oramos por ellos para que se acerque el tiempo de su restauración, no podemos ignorar que desde el tiempo de la iglesia primitiva hasta nuestros días ha habido una fuerte influencia de aquellas conocidas «raíces hebreas», ya que diversos predicadores y maestros se han levantado para judaizar al pueblo cristiano gentil, enseñándoles que tienen que mencionar el nombre de Dios en hebreo, que tienen que guardar las fiestas judías, que tienen que observar el día de reposo como lo hacía Israel, y en algunos casos, hasta que tienen que circuncidarse. Todo eso es parte de un movimiento que pone en peligro de maldición a millones de cristianos que, en su amor sincero por Israel, pudieran ser seducidos por estos movimientos judaizantes. Sobre esto quiero reflexionar en algunos aspectos valiosos que quizás salven a alguno del error.

Debemos comprender que cuando Israel rechazó a Cristo y este murió en la cruz, comenzó un nuevo pacto de gracia en el cual la salvación se obtiene *solamente a través de la fe*. El nuevo pacto de gracia no se hizo bajo los rudimentos de la ley, porque la Palabra establece en Romanos 3 que «por las obras de la ley ningún ser humano será justificado delante de él; porque por medio de la ley es el conocimiento del pecado» (v. 20). Por eso, la Biblia enfatiza a través de todo el Nuevo Testamento que somos salvos exclusivamente a través de la fe. «Porque por gracia sois salvos por medio de la fe; y esto no de vosotros, pues es don de Dios; no por obras, para que nadie se gloríe» (Ef 2:8-9).

En el libro de Gálatas, Pablo hizo una fuerte defensa de la doctrina de la salvación a través de la fe, ya que muchos hermanos de Galacia estaban siendo seducidos por maestros judaizantes. Y en esta carta, Pablo cuenta una anécdota de cuando reprende al apóstol Pedro, diciendo: «Nosotros, judíos de nacimiento, y no pecadores de entre los gentiles, sabiendo que el hombre no es justificado por las obras de la ley, sino por la fe de Jesucristo, nosotros también hemos creído en Jesucristo, para ser justificados por la fe de Cristo y no por las obras de la ley, por cuanto por las obras de la ley nadie será justificado» (Gá 2:15-16).

Por consiguiente, estimado lector, es evidente que la salvación se obtiene únicamente por fe y no a través de las obras y rudimentos de la ley, que eran un símbolo profético del sacrificio del Mesías. La circuncisión, los sacrificios y los otros mandamientos rituales apuntaban, proféticamente, hacia el sacrificio de Cristo.

Cuando Pedro predicó de Cristo a los judíos en Pentecostés, ¿habló algo acerca de la ley? ¡No! Él solo predicó el mensaje del arrepentimiento y la fe en Cristo Jesús. Así también, en casa de Cornelio, cuando los gentiles recibieron por primera vez la palabra, vemos que ellos recibieron el bautismo del Espíritu Santo con la señal de hablar en lenguas, así como antes los judíos en Pentecostés, y lo recibieron sencillamente a través de la fe. Por eso, en el concilio de Jerusalén, los apóstoles ordenaron, siendo guiados por el Espíritu Santo, que los gentiles no guardaran ningún rito de la ley, sino solo algunas cosas. Lea lo que dijeron ellos en una carta a los hermanos gentiles: «Porque ha parecido bien al Espíritu Santo, y a nosotros, no imponeros ninguna carga más que estas cosas necesarias: que os abstengáis de lo sacrificado a ídolos, de sangre, de ahogado y de fornicación; de las cuales cosas si os guardareis, bien haréis. Pasadlo bien» (Hch 15:28-29).

Por tanto, la salvación es solo a través de la fe, y no debe dejarse confundir por alguien judaizante, pues usted está completo en Cristo. Si ya recibió la salvación, la llenura del Espíritu y los dones espirituales solo por medio de la fe, ¿qué le hace pensar que necesita volver a los rudimentos que a Israel no le dieron nada? ¡Es solo por fe! Después de la muerte de Cristo, nadie puede ser salvo a través de la ley. Incluso, la salvación de los propios judíos tiene que ser a través de la fe solamente, porque Pablo dijo que «ya hemos acusado a judíos y a gentiles, que todos están bajo pecado» (Ro 3:9). Por lo cual, y no me canso de repetirlo, la salvación es solo a través de la fe. Usted tiene en Cristo Jesús mucho más que cualquier judío y que aquella generación que vio el fuego descender en el monte Sinaí. ¡Usted y yo estamos completos en Cristo Jesús! Solo digo esto para que tengamos claro que los cristianos, aunque amamos a Israel, jamás debemos desviarnos al judaísmo.

Ahora bien, ¿pueden los verdaderos judíos mesiánicos, de sangre judía, celebrar las fiestas y conservar sus costumbres? La respuesta es que mientras ellos entiendan que la salvación es a través de la fe, tienen permiso, bíblicamente, para celebrar las fiestas a manera de tradición y de honrar a Dios. Pero los gentiles cristianos *no podemos obrar así*, porque al intentar hacerlo pudiéramos caer de la gracia y estar bajo maldición, así como la Palabra dice: «De Cristo os desligasteis, los que por la ley os justificáis; de la gracia habéis caído» (Gá 5:4).

Hay un pasaje muy claro en la Palabra que confirma esto que acabo de compartir, y es aquel donde Pablo llega a Jerusalén y los hermanos de la iglesia le dicen:

> Ya ves, hermano, cuántos millares de judíos hay que han creído; y todos son celosos por la ley. Pero se les ha informado en cuanto a ti, que enseñas a todos los judíos que están entre los gentiles a apostatar de Moisés, diciéndoles que no circunciden a sus hijos, ni observen las costumbres. ¿Qué hay, pues? La multitud se reunirá de cierto, porque oirán que has venido. Haz, pues, esto que te decimos: Hay entre nosotros cuatro hombres que tienen obligación de cumplir voto. Tómalos contigo, purifícate con ellos, y paga sus gastos para que se rasuren la cabeza; y todos comprenderán que no hay nada de lo que se les informó acerca de ti, *sino que tú también andas ordenadamente, guardando la ley*. (Hch 21:20-24, énfasis añadido)

Note que en este pasaje los hermanos de Jerusalén le aconsejan a Pablo que cumpla con algunas costumbres judías para no causar escándalo entre los judíos. Sin embargo, mire lo que le dicen en el siguiente versículo en cuanto a los gentiles: «*Pero en cuanto a los gentiles que han creído*, nosotros les hemos escrito determinando *que no guarden nada de esto*; solamente que se abstengan de lo sacrificado a los ídolos, de sangre, de ahogado y de fornicación» (v. 25, énfasis añadido).

En este pasaje vemos que los líderes hicieron una clara distinción entre los judíos que se habían convertido a Cristo, los cuales podían, por tradición, seguir algunas cosas de su cultura, y los gentiles, a quienes se les dice que no tenían que guardar la ley mosaica. Por lo tanto, ¿estamos sin ley los gentiles? ¡Claro que no! El cristianismo no es un libertinaje, sino que ahora que somos salvos caminamos en los mandamientos morales, pero a través del poder del Espíritu Santo.

Así que, mi estimado hermano o hermana, si usted está leyendo este libro, lo más probable es que ame al pueblo judío tanto como yo, pero me pareció sabio establecer este balance bíblico para que sepamos que en Cristo estamos completos y que a través de Él hemos accedido a las promesas que fueron dadas a Abraham.

De modo que retengamos el consejo de la Palabra de Dios que dice: «Estad, pues, firmes en la libertad con que Cristo nos hizo libres, y no estéis otra vez sujetos al yugo de esclavitud» (Gá 5:1).

## CAPÍTULO 8

# ¡LOS HUESOS SECOS VIVIRÁN!

«Huesos secos, oíd palabra de Jehová».
(Ez 37:4)

Sin duda alguna, como hemos visto, ¡cuán difícil ha sido la travesía que la amada nación de Israel ha tenido que recorrer por rechazar al Mesías! Desde la destrucción de Jerusalén, la emigración hacia numerosas naciones, el genocidio bajo el liderazgo de Adolfo Hitler, hasta el antisemitismo a nivel global. Verdaderamente, la nación de Israel quedó tan devastada que nadie jamás pensaría que de esas cenizas algo pudiera revivir. Pero, así como en el Antiguo Testamento vimos numerosas veces la misericordia de Dios sobre su pueblo, restaurándolos y defendiéndolos de sus enemigos a pesar de haberlos castigado antes por su pecado, así también había una profecía maravillosa que anunciaba que, aunque Israel pagaría un alto precio por haber rechazado al Mesías, a tal nivel que serían esparcidos y perseguidos por el mundo entero, verían otra vez la mano misericordiosa de Dios para restaurarlos.

Es verdad que Israel fue endurecida como nación y que sufrieron al ser puestos en pausa divina en cuanto al plan profético debido a la dureza de sus corazones, pero incluso así, no podemos ignorar que hay todavía un plan divino con Israel; Dios no ha terminado con ellos. Y es acerca de esto que voy a abundar en este capítulo.

Para esto es necesario que retomemos una vez más la profecía del profeta Ezequiel en su capítulo 37. Recordemos que en aquella visión el profeta fue llevado por el Espíritu a un valle lleno de huesos secos, y secos en gran manera. Es evidente que esos huesos tipificaban la casa de Israel, específicamente su destrucción y esparsión, a tal nivel que nadie pensaría que pudieran levantarse otra vez.

Por eso, el Señor le pregunta al profeta: «¿Vivirán estos huesos?» (v. 3). Aquella pregunta retórica de Dios definía la imposibilidad humana ante la gravedad del asunto; nadie pensaría que Israel pudiera volver a levantarse otra vez, pero Dios tenía otros planes en mente, por lo cual le ordena al profeta: «Profetiza sobre estos huesos, y diles: Huesos secos, oíd palabra de Jehová. Así ha dicho Jehová el Señor a estos huesos: He aquí, yo hago entrar espíritu en vosotros, y viviréis. Y pondré tendones sobre vosotros, y haré subir sobre vosotros carne, y os cubriré de piel, y pondré en vosotros espíritu, y viviréis; y sabréis que yo soy Jehová» (vv. 4-6).

Un principio poderoso que debemos aprender es que siempre que Dios va a realizar algo, Él lo hace primero por su palabra, y luego, si es necesario, le da forma con sus manos. En la Biblia leemos que Dios dijo: «Hagamos al hombre a nuestra imagen, conforme a nuestra semejanza» (Gn 1:26), y luego Dios formó al hombre del polvo de la tierra y le dio aliento de vida (Gn 2:7). También Hebreos 11:3 apunta lo siguiente: «Por la fe entendemos haber sido constituido el universo por la palabra de Dios, de modo que lo que se ve fue hecho de lo que no se veía». La enseñanza es que, antes que Dios materialice su propósito, primero lo pronuncia, porque en su palabra hay poder. Por eso, en esta visión, lo primero que Dios hace es hablar proféticamente a los muertos, diciéndoles: «He aquí, yo hago entrar espíritu en vosotros, y viviréis» (Ez 37:5).

Mire lo que sucede después:

> Profeticé, pues, como me fue mandado; y hubo un ruido mientras yo profetizaba, y he aquí un temblor; y los huesos se juntaron cada hueso con su hueso. Y miré, y he aquí tendones sobre ellos, y la carne subió, y la piel cubrió por encima de ellos; pero no había en ellos espíritu. Y me dijo: Profetiza al espíritu, profetiza, hijo de hombre, y di al espíritu: Así ha dicho Jehová el Señor: Espíritu, ven de los cuatro vientos, y sopla sobre estos muertos, y vivirán. Y profeticé como me había mandado, y entró espíritu en ellos, y vivieron, y estuvieron sobre sus pies; un ejército grande en extremo. (vv. 7-10)

¡Qué maravilla! Sin duda alguna, esta visión ha servido de gran consuelo y esperanza a través de los siglos a miles y millones de cristianos a los cuales Dios les ha hablado a través de estos versículos. Pero no podemos olvidar que aun así, este es un pasaje que profetizaba algo muy concreto y específico para la nación de Israel. O sea, no era algo únicamente espiritual o simbólico, sino que se trataba de una profecía muy real para el futuro de la nación de Israel. Lea lo que dice el pasaje en el final:

> Hijo de hombre, todos estos huesos son la casa de Israel. He aquí, ellos dicen: Nuestros huesos se secaron, y pereció nuestra esperanza, y somos del todo destruidos. Por tanto, profetiza, y diles: Así ha dicho Jehová el Señor: He aquí yo abro vuestros sepulcros, pueblo mío, y os haré subir de vuestras sepulturas,

> y os traeré a la tierra de Israel. Y sabréis que yo soy Jehová, cuando abra vuestros sepulcros, y os saque de vuestras sepulturas, pueblo mío. Y pondré mi Espíritu en vosotros, y viviréis, y os haré reposar sobre vuestra tierra; y sabréis que yo Jehová hablé, y lo hice, dice Jehová. (vv. 11-14)

En resumen, esta visión nos dice que, aunque vendría el día en que Israel sería esparcido por el mundo entero, llegaría también un tiempo de restauración; aunque ellos serían endurecidos y se preguntarían qué sucedió con el plan divino, también llegaría el tiempo de su restablecimiento. Por tanto, la terrible profecía que Jesús dictó sobre Jerusalén, igualmente ofreció esperanza diciendo: «Y caerán a filo de espada, y serán llevados cautivos a todas las naciones; y Jerusalén será hollada por los gentiles, *hasta que los tiempos de los gentiles se cumplan*» (Lc 21:24, énfasis añadido).

Estas palabras evidenciaban que la asolación no sería por siempre, sino que en el momento en que los tiempos de los gentiles se cumplieran, entonces Israel sería restaurado. Entiéndase que cuando este pasaje dice «los tiempos de los gentiles» se está refiriendo a la pausa profética que Dios abrió para salvar a los gentiles. Ahora estamos en un tiempo de gracia de Dios, gracia abierta para todo aquel que quiera creer, pero se acerca el día en que «la puerta del arca» será cerrada por Él, y no solo terminará su trato con el mundo gentil para salvación, como aprenderemos más adelante, sino que, además, comenzará el trato de Dios con Israel para salvación. Aunque creo que ya ha comenzado parte de esa restauración, como veremos más adelante.

Por desgracia, lo que estoy comenzando a explicar en este capítulo constituye un tabú para muchos creyentes, ya sea por desconocimiento o por haber recibido la enseñanza de maestros errados. Es impresionante ver cuántos cristianos desconocen que todavía hay un plan de Dios para redimir a Israel, ¡incluso políticamente! Hay cristianos que argumentan que nosotros, la iglesia, somos el Israel de Dios. Y aunque es verdad que Dios nos ha hecho herederos de las promesas dadas a Abraham por fe, no podemos olvidar que, aun así, Israel, como nación y linaje, tiene todavía una promesa de redención por cumplirse. Y es que, aunque muchos judíos han sido salvos en estos dos mil años al recibir a Cristo Jesús como Señor y Salvador, todavía la gran mayoría de ellos no tienen a Cristo porque están en gran ceguera espiritual. Además, también Dios prometió a través de los profetas que llegaría un día cuando Israel sería establecido como cabecera de montes, o sea, que sería el país más importante del mundo, y eso no ha sucedido aún. Por tanto, todavía hay un plan divino de restaurar a Israel, no solo espiritual, sino también políticamente.

En Romanos 11, uno de los pasajes más importantes para comprender este misterio, el apóstol Pablo hace una apología acerca de la restauración futura de Israel y comienza preguntando de manera retórica: «Digo, pues: ¿Ha desechado Dios a su pueblo?», y responde: «En ninguna manera» (v. 1). Luego, más adelante en el capítulo, nos advierte y confronta a los cristianos gentiles para que eviten la jactancia: «Y aun ellos, si no permanecieren en incredulidad, serán injertados, pues poderoso es Dios para volverlos a injertar. Porque si tú fuiste cortado del que por naturaleza es olivo silvestre, y contra naturaleza fuiste injertado en el buen olivo, *¿cuánto más estos, que son las ramas naturales, serán injertados en su propio olivo?*» (vv. 23-24, énfasis añadido).

Y añade aún más:

> Porque no quiero, hermanos, que ignoréis este misterio, para que no seáis arrogantes en cuanto a vosotros mismos: que ha acontecido a Israel endurecimiento en parte, *hasta que haya entrado la plenitud de los gentiles; y luego todo Israel será salvo*, como está escrito:
> Vendrá de Sion el Libertador,
> Que apartará de Jacob la impiedad.
> Y este será mi pacto con ellos,
> Cuando yo quite sus pecados.
> Así que en cuanto al evangelio, son enemigos por causa de vosotros; pero en cuanto a la elección, son amados por causa de los padres. *Porque irrevocables son los dones y el llamamiento de Dios.* (vv. 25-29)

Es mi oración que, al leer este pasaje con la ayuda del Espíritu Santo, el velo de muchos se pueda caer para entender el plan de Dios con Israel para el fin de los tiempos. Permítame comentar brevemente algunas palabras clave de este importante texto.

En primer lugar, note que Pablo profetiza que las ramas naturales serían injertadas otra vez en su propio olivo. Estas ramas naturales hablan de los israelitas que, al rechazar al Mesías, fueron cortados del árbol. ¿Quién es el olivo? ¿Quién es la vid? ¿Quién es el tronco?

¡Evidentemente es Cristo Jesús! Él dijo: «Yo soy la vid verdadera, y mi Padre es el labrador. Todo pámpano que en mí no lleva fruto, lo quitará; y todo aquel que lleva fruto, lo limpiará, para que lleve más fruto» (Jn 15:1-2).

Con la llegada de Cristo, Dios lo estableció a Él como *la única vid verdadera* a través de la cual podemos obtener salvación y comunión con el Padre. Y como los judíos, en su mayoría, rechazaron a la vid, fueron cortados. Pero Pablo dice que llegaría un día cuando serían reinsertados. ¿De qué manera? No a través de la ley, sino a través de la fe, al creer en Cristo Jesús. Cuando llegue ese día, todos los israelitas creerán en Jesús y de esa forma serán reinsertados en su propio olivo, en aquel Mesías que vino de ellos según la carne, pero que luego vendrá para salvarlos y restaurarlos.

En segundo lugar, en Romanos 11:26, Pablo dice que cuando termine la plenitud de los gentiles, entonces todo Israel será salvo. Esto confirma lo que ya apunté antes. Cuando termine el tiempo de la iglesia, Dios entonces dedicará siete años para restaurar a Israel. Y mire cómo termina el pasaje con un principio infalible: «Porque irrevocables son los dones y el llamamiento de Dios» (v. 29).

Por tanto, estimado lector, es muy evidente que todavía hay un plan divino de restauración hacia el pueblo de Israel, la restauración que vio Ezequiel, la que profetizó Jesús y la que explicó el apóstol Pablo en Romanos 11 bajo la inspiración del Espíritu Santo. No obstante, es importante saber que esa restauración no sucederá de un momento a otro, sino que se cumplirá en dos partes, primero una restauración política y luego una espiritual, que es la más importante. Permítame explicarle a continuación.

## La higuera reverdece

La primera restauración que las profecías bíblicas anunciaron sería la política o geográfica, es decir, cuando Dios los haría volver a su tierra. Y eso está reflejado en la visión de Ezequiel acerca del valle de los huesos secos, porque vemos que primero Dios hace juntar cada hueso con su hueso, poniendo luego tendones, carne y piel. Y esto hablaba de la restauración política, en la cual Dios haría que los judíos de todo el mundo se unieran otra vez para volver a su tierra prometida. Así dice el pasaje: «Y los huesos se juntaron cada hueso con su hueso. Y miré, y he aquí tendones sobre ellos, y la carne subió, y la piel cubrió por encima de ellos; pero no había en ellos espíritu» (Ez 37:7-8).

Además, Jesús habló de esta restauración política, y lo hizo en la figura de una higuera que reverdecería. De esta manera, leemos en la Biblia: «También les dijo una parábola: Mirad la higuera y todos los árboles. Cuando ya brotan, viéndolo, sabéis por vosotros mismos que el verano está ya cerca. Así también vosotros, cuando veáis que suceden estas cosas, sabed que está cerca el reino de Dios. De cierto os digo, que no pasará esta generación hasta que todo esto acontezca» (Lc 21:29-33).

Al leer a los profetas del Antiguo Testamento, vemos que a menudo Dios se refirió a Israel como una higuera, una vid o una viña (Is 5:7; Jer 24:5; Lc 13:6-7). Por lo cual, en este pasaje, Jesús hace alusión a Israel en forma de una higuera y se refiere a las naciones de la tierra en la figura de «los árboles». Lo llamativo es que Jesús comenta que vendría el momento cuando la higuera reverdecería. Mire la versión de Mateo como dice: «De la higuera aprended la parábola: Cuando ya su rama está tierna, y brotan las hojas, sabéis que el verano está cerca. Así también vosotros, cuando veáis todas estas cosas, conoced que está cerca, a las puertas» (Mt 24:32-33).

Quizás en el tiempo de Jesús, cuando Jerusalén no había sido destruida aún, no tendría mucho sentido esta profecía para los oyentes. Pero luego de la destrucción de Jerusalén, de seguro que la iglesia comprendió este versículo como nunca, y más ahora, que hemos visto el cumplimiento de esta profecía. Y es que la Palabra anunciaba que Israel iba a reverdecer otra vez, lo cual sería una señal contundente del inminente regreso de Cristo Jesús. Así dijo el Señor: «De cierto os digo, que no pasará esta generación hasta que todo esto acontezca» (v. 34).

Esta profecía se cumplió en el año 1948 cuando, contra todo pronóstico, Israel fue declarado oficialmente Estado independiente. Después de la Segunda Guerra Mundial, muchos judíos intentaron regresar a su tierra, provocando una serie de fuertes y sangrientos conflictos con los árabes que habitaban en aquella tierra que ya se llamaba Palestina, pero que estaba gobernada de manera oficial, como un protectorado, por el gobierno británico desde 1917. Después de numerosos intentos fallidos por solucionar el conflicto entre judíos y árabes, en 1947, Gran Bretaña decide poner en las manos de las Naciones Unidas este conflicto; y fue así como en noviembre del mismo año se llevó a cabo una votación en la Asamblea de las Naciones Unidas para dividir el territorio palestino en dos, una parte para los judíos y otra para los árabes. El problema es que, aunque los judíos estaban de acuerdo con esta división, quedándose ellos con Tel Aviv como capital, los árabes no querían ceder ante la medida, por lo que custodiaron la ciudad de Jerusalén y se prepararon para la guerra si aquel acuerdo se firmaba.

Sin embargo, a pesar de la oposición árabe, en noviembre de 1947, las Naciones Unidas acordaron la repartición de la tierra de Palestina en dos estados, uno judío y otro árabe, obligando así a Gran Bretaña a comprometerse con abandonar el país el 15 de mayo de 1948. Pero el problema es que aquel día coincidía con el *sabbat* judío. Por lo cual, las autoridades judías decidieron adelantar la ceremonia oficial de declaración del Estado de Israel para las cuatro de la tarde del día anterior, o sea, el 14 de mayo, y de esa forma no se interrumpiría el día de reposo. Entonces varios líderes judíos, entre ellos David Ben-Gurión, quien sería el primer ministro de Israel, con temor de que los británicos interrumpieran aquella ceremonia, se reunieron en el Museo de Arte de Tel Aviv para junto a otros muchos políticos, religiosos y periodistas leer en voz alta el pergamino que declaraba a Israel como Estado independiente.

Fue así como, contra todo pronóstico y oposición de enemigos como los árabes, el 14 de mayo de 1948, a las cuatro de la tarde, Israel fue declarado Estado independiente, cumpliéndose la primera porción de la profecía que Ezequiel había dado de parte de Jehová: «He aquí yo abro vuestros sepulcros, pueblo mío, y os haré subir de vuestras sepulturas, y os traeré a la tierra de Israel. Y sabréis que yo soy Jehová, cuando abra vuestros sepulcros, y os saque de vuestras sepulturas, pueblo mío. Y pondré mi Espíritu en vosotros, y viviréis, y os haré reposar sobre vuestra tierra; y sabréis que yo Jehová hablé, y lo hice, dice Jehová» (Ez 37:12-14).

Este evento también vino como cumplimiento de la Palabra que Dios había dado a través del profeta Isaías cuando dijo:

> ¿Quién oyó cosa semejante?, ¿quién vio tal cosa? ¿Concebirá la tierra en un día? ¿Nacerá una nación de una vez? Pues en cuanto Sion estuvo de parto, dio a luz sus hijos. Yo que hago dar a luz, ¿no haré nacer? dijo Jehová. Yo que hago engendrar, ¿impediré el nacimiento? dice tu Dios. Alegraos con Jerusalén, y gozaos con ella, todos los que la amáis; llenaos con ella de gozo, todos los que os enlutáis por ella; para que maméis y os saciéis de los pechos de sus consolaciones; para que bebáis, y os deleitéis con el resplandor de su gloria. (Is 66:8-11)

Permítame escribir aquí lo que estoy diciendo en voz alta mientras escribo estas líneas: ¡*Aleluya*!

En verdad Dios es fiel y cumple sus promesas. A pesar de que los judíos estuvieron tantos siglos extraviados por todas las naciones, desde el 70 d. C. hasta 1948, cuando llegó el tiempo, el *kairos* programado por Dios, nadie pudo impedir su voluntad. Y déjeme decirle que Dios dictó que la restauración política de Israel ocurriera en 1948 porque el tiempo está cerca. ¿Cuál tiempo? El tiempo de los judíos, la última semana de Daniel; lo cual significa que el tiempo de la iglesia en la tierra se está terminando.

No obstante, aunque Israel fue restaurada como nación, la triste realidad es que ellos todavía están en gran ceguera espiritual porque no han recibido al Mesías, a Jesucristo, por lo cual aún tienen la venda puesta en sus ojos. Sin embargo, se acerca el día en que serán restaurados espiritualmente, y esa será la segunda etapa de la restauración. Más adelante aprenderemos de esa segunda restauración. Pero, al menos en este capítulo, quiero dejar por sentado que ya se cumplió la primera parte de la profecía, la que anunciaba que los judíos regresarían a su tierra. Por eso, aunque muchos enemigos se han levantado, ahí está Israel, como una nación firme y poderosa, porque no fueron restaurados por la mano humana, sino por la mano poderosa de Dios, la misma que una vez los sacó de Egipto y que, en 1948, los restauró para que el mundo entero supiera que el tiempo está cerca.

La lección que deseo que usted obtenga de este capítulo es que los tiempos de Dios son perfectos. Puede que a veces tengamos la sensación de que quizás su palabra se ha retrasado en cumplirse, pero quiero que sepa que el tiempo de Dios es perfecto, y cuando llegue ese *kairos* a su vida, nadie podrá impedir lo inevitable. Cuando Él decide bendecirlo y levantarlo, ni el mismo Satanás lo puede evitar. Y la nación de Israel es evidencia de esta gran verdad. ¡Bendito sea el Dios de Israel!

# CAPÍTULO 9

# EL GRAN CONFLICTO GEOPOLÍTICO EN EL MEDIO ORIENTE

«Y el dragón se paró frente a la mujer que estaba para dar a luz, a fin de devorar a su hijo tan pronto como naciese». (Ap 12:4)

Un día después de la declaración del Estado de Israel, los países vecinos: Egipto, Jordania, Siria, Líbano e Irak, lo invadieron para dar inicio a una guerra que duraría alrededor de un año. La furia árabe se rebeló contra Israel, así como lo habían advertido antes si llegaba a ser declarado Estado. Los árabes no querían bajo ningún concepto que Israel fuera establecido como nación. Sin embargo, aunque Israel salió milagrosamente vencedor de esa guerra, aquella fue apenas la primera de muchas contiendas y conflictos entre Israel y los países vecinos. De hecho, mientras escribo este libro, Israel se encuentra en medio de un gran conflicto con varios frentes de batalla. Está en guerra con Hamás, en Gaza; también con Hezbolá, en el Líbano, al norte; y al mismo tiempo se halla jugando una peligrosa partida de ajedrez militar contra Irán, el pulpo que está detrás de la mayoría de los grupos terroristas que atacan a Israel.

Entonces surgen las siguientes interrogantes: ¿por qué tanto odio? ¿Por qué tanto conflicto? ¿Por qué no quieren aceptar que Israel es un Estado? En este capítulo, voy a darle dos posibles respuestas a estas grandes preguntas mientras analizamos el conflicto del Medio Oriente y el papel del mundo islámico en las profecías del fin.

## La mano de Satanás

En primer lugar, no podemos ignorar que este conflicto radica en un tema espiritual. Y es que el diablo odia todo aquello que tiene propósito. Desde el inicio de la nación de Israel, aun desde los tiempos bíblicos, vemos cómo numerosos imperios se levantaron en contra de Israel con un odio inimaginable. Mientras escribo estas líneas, recordé las palabras que dijo aquel Senaquerib, rey de los asirios, a Ezequías, rey de Judá: «Así dice el gran rey de Asiria: ¿Qué confianza es esta en que te apoyas? Dices (pero son palabras vacías): Consejo tengo y fuerzas para la guerra. Mas ¿en qué confías, que te has rebelado contra mí?» (2 R 18:19-20).

Este era el imperio que había derrotado a las diez tribus de Israel y que en este momento había venido a Judá para derrotarlos también. Pero Ezequías subió al templo y presentó las cartas de Senaquerib delante de Jehová, y Él los libró de sus enemigos de una manera milagrosa. Sin embargo, el punto es que Senaquerib fue solo uno de los tantos enemigos que se levantaron en contra del pueblo judío con gran odio. Todo esto usted lo puede leer en 2 Reyes 19.

También tenemos en la historia bíblica a personajes como Amán, aquel malvado príncipe del reino de Asuero, quien no solo preparó una horca de cincuenta codos de altura en la cual pensaba ahorcar a Mardoqueo, el pariente de la reina Ester, sino que, además, logró engañar al rey para que firmase un edicto en el que se proponía realizar un genocidio con el pueblo judío que habitaba en las regiones gobernadas por los persas en aquel tiempo. Pero Dios también libró a su pueblo de ese enemigo, y Amán terminó siendo ahorcado en la misma horca que había preparado para Mardoqueo, porque la Palabra promete a los justos que Dios aderezará mesa delante de nosotros en presencia de nuestros angustiadores (Sal 23:5). ¡Aleluya!

Por último, tenemos en la Biblia el caso de Sanbalat el horonita, Tobías el siervo amonita y Gesem el árabe, enemigos del pueblo judío que se opusieron fuertemente a la reconstrucción del templo y la ciudad de Jerusalén. Pero también de ellos fue librado el pueblo de Dios, y se pudo finalizar la obra que Él les había entregado. Todo esto lo puede leer en el hermoso libro de Nehemías.

Al analizar esto, cabe la pregunta: ¿por qué tanto odio? Sencillamente se trata, como ya adelanté, de un tema espiritual, del odio satánico en contra del pueblo con promesa. Recordemos que Satanás es un ser caído, y por eso él envidia y odia a todo aquello que tiene promesa. Israel es la nación a través de la cual vino el Cristo, y a la cual vendrá en su segunda venida para atar a Satanás y reinar desde Jerusalén por mil años; esto lo sabe el diablo, por eso odia tanto al pueblo judío. Recuerde también que por medio de ellos vinieron la ley, los patriarcas, el Mesías y, repito, también a ellos vendrá Cristo Jesús en su segunda venida.

Una evidencia contundente de esto lo vemos en Apocalipsis, específicamente en la visión del dragón y la mujer: «También apareció otra señal en el cielo: he aquí un gran dragón escarlata, que tenía siete cabezas y diez cuernos, y en sus cabezas siete diademas; y su cola arrastraba la tercera parte de las estrellas del cielo, y las arrojó sobre la tierra. Y el dragón se paró frente a la mujer que estaba para dar a luz, a fin de devorar a su hijo tan pronto como naciese» (Ap 12:3-4).

Esta mujer que aparece en la visión profética tipifica a la nación de Israel que estará a punto de parir una gran bendición, la segunda venida de Cristo. El dragón tipifica a Satanás, el cual se volverá con gran furia contra el pueblo judío en la gran tribulación para impedir su restauración espiritual. Pero la mujer, que es Israel, dice la profecía que será sustentada en el desierto por Dios.

De esta manera, cuando usted vea a una nación que odia a Israel, que hace marchas en contra de ella y que públicamente apoya a los enemigos de Jacob, sepa que esa nación está siendo guiada por el maligno, por un espíritu diabólico de antisemitismo. Es necesario añadir también que toda persona y nación que participe del antisemitismo tiene sobre sí la ira de Dios si no se arrepiente a tiempo. Por eso, todas las naciones que odian a Israel están en miseria y pobreza, porque se cumple en ellas la profecía de Génesis 12:3.

Unas páginas atrás me referí a Irán, y dije que este es el gran pulpo que se encuentra detrás de los grupos terroristas como Hamás y Hezbolá. Irán es el que suministra y apoya a todos estos grupos con armamento, estrategias y mucho más. El día que Hamás entró por sorpresa en Israel, el 7 de octubre del 2023, causando una gran masacre, desde Irán llegaron imágenes de políticos celebrando aquella gran maldad. ¿Por qué Irán odia tanto a Israel si ni siquiera es un vecino cercano? La respuesta es que allí, en Irán, opera un espíritu, un principado terrible de antisemitismo que ha estado operando desde los días del profeta Daniel. Recordemos que Irán es la antigua Persia. Cuando Daniel se propuso clamar a Dios a favor de su pueblo por espacio de tres semanas, dice la Palabra que al final de esos días vino un ángel del cielo, el cual le dijo:

> Daniel, no temas; porque desde el primer día que dispusiste tu corazón a entender y a humillarte en la presencia de tu Dios, fueron oídas tus palabras; y a causa de tus palabras yo he venido. Mas el príncipe del reino de Persia se me opuso durante veintiún días; pero he aquí Miguel, uno de los principales príncipes, vino para ayudarme, y quedé allí con los reyes de Persia. He venido para hacerte saber lo que ha de venir a tu pueblo en los postreros días; porque la visión es para esos días. (Dn 10:12-14)

Note que el ángel dijo que desde el principio él había hecho el intento por descender con una palabra que traería liberación profética para el pueblo de Israel, pero un principado satánico, uno de esos líderes demoníacos de los cuales se escribe en Efesios 6, que reinan en los lugares celestiales, se opuso y le hizo la guerra al ángel del Señor. Aquel principado satánico fue llamado «El príncipe de Persia», porque era un demonio de autoridad que gobernaba específicamente sobre esa región. Y yo creo, por la Biblia, que los espíritus no pueden morir; entonces, como no ha habido una liberación espiritual sobre Persia con el establecimiento de un gobierno cristiano que expulse a los principados satánicos, considero que allí habita todavía aquel principado satánico que se opone a las bendiciones del pueblo de Dios. Por consiguiente, quizás Irán es el mayor enemigo del pueblo judío en la actualidad, ya que se trata de un tema espiritual.

Así que cuando usted lea y escuche noticias en relación con este conflicto de Israel con sus vecinos, trate de ponerse los lentes espirituales para poder discernir lo que está pasando realmente: un ataque satánico en contra del pueblo de Dios.

## Ismael, el padre de los árabes

La segunda razón por la cual Israel está amenazado siempre por tantos enemigos vecinos que le rodean es, en gran parte, consecuencia de aquel terrible error que cometió Abram al llegarse a la sierva Agar, y que ella diera a luz a Ismael, quien sería el padre de los árabes; otro de los grandes enemigos del pueblo judío en la actualidad.

En las primeras páginas de este libro me referí a Abraham, pero dejé de mencionar la historia de Ismael a propósito para tratarla en este capítulo, porque tiene mucho que ver con lo que todavía está pasando en el Medio Oriente.

La Palabra enseña que debido al largo tiempo que tuvieron que esperar Abram y Sarai por el hijo prometido, llegó un momento en el que Sarai se desesperó y le propuso a su marido una solución para «ayudar a Dios». Ella le dijo: «Ya ves que Jehová me ha hecho estéril; te ruego, pues, que te llegues a mi sierva; quizá tendré hijos de ella. Y atendió Abram al ruego de Sarai» (Gn 16:2-3). Aquella estrategia carnal fue un total fracaso, porque de aquel acto sexual permitido por Sarai llegó Ismael, quien sería luego un gran tropiezo cuando nació Isaac, ya que dice la Biblia que «vio Sara que el hijo de Agar la egipcia, el cual esta le había dado a luz a Abraham, se burlaba de su hijo Isaac» (Gn 21:9).

Por otra parte, dicha estrategia traería grandes consecuencias a largo plazo. Ismael fue expulsado junto con su madre por Abraham, de acuerdo con la petición de Sara y el permiso de Dios, porque este no debía heredar junto con Isaac, que era el hijo de la promesa. Sin embargo, parece que Abraham tenía un gran aprecio por Ismael, porque al fin de cuentas era su hijo. Por tanto, Dios le dijo algunas cosas hermosas a Abraham acerca de cómo lo bendeciría por ser hijo suyo. Lea los siguientes pasajes:

> Y en cuanto a Ismael, también te he oído; he aquí que le bendeciré, y le haré fructificar y multiplicar mucho en gran manera; doce príncipes engendrará, y haré de él una gran nación. Mas yo estableceré mi pacto con Isaac, el que Sara te dará a luz por este tiempo el año que viene. Y acabó de hablar con él, y subió Dios de estar con Abraham. (Gn 17:20-22)

> Y también del hijo de la sierva haré una nación, porque es tu descendiente. (Gn 21:13)

No obstante, aunque Dios quizás no le reveló a Abraham todo el conflicto que habría en tiempos posteriores debido a la rivalidad de estos dos hermanos, sí le reveló a Agar, la madre del muchacho, algo que sería un sello en la descendencia de Ismael, y es lo siguiente: «Y él será hombre fiero; su mano será contra todos, y la mano de todos contra él, y delante de todos sus hermanos habitará» (Gn 16:12).

Este versículo, estimado lector, se ha ido cumpliendo a través de todas las generaciones, ya que el mundo árabe ha sido un gran enemigo del pueblo judío, escribiendo así en la historia momentos muy complicados. Y este es el otro gran motivo de que haya tanto conflicto en el Medio Oriente; los descendientes de Ismael quieren heredar juntamente con el hijo de la libre. La gran riña por la ciudad de Jerusalén se debe a que los árabes desean ocupar un sitio tan emblemático e importante, tratando de tomar para sí una ciudad conquistada por el rey David y que históricamente le ha pertenecido al pueblo de Israel.

La influencia de la religión del islam también ha sido un factor fundamental que ha influenciado muchísimo en las numerosas batallas en contra del pueblo judío. De hecho, los árabes practicantes del islam tienen la creencia de que en algún momento se manifestará un Mahdi para gobernar al mundo; y al comparar esto con las profecías bíblicas, todo parece indicar que el mundo árabe será fundamental en la conquista mundial del anticristo.

Por último, es necesario aclarar que a pesar de la gran enemistad que ha habido históricamente entre árabes e israelitas, aun así hay muchos árabes que han recibido a Cristo Jesús como Señor y Salvador, por lo que son nuestros hermanos.

## La protección de Dios

Ahora bien, qué maravilloso es saber que, a pesar de que Israel es un país tan pequeño rodeado de grandes enemigos, nadie ha podido destruir al pueblo de Dios, porque Jehová de los ejércitos pelea por ellos. Permítame hacer un resumen breve de los conflictos más recientes desde el año 1948 en adelante y cómo Dios ha cuidado a su pueblo.

Como ya he comentado, en 1948, un día después de la declaración de Israel como Estado, cinco países le declararon la guerra, pero Israel los venció milagrosamente, a pesar de ser una nación tan joven desde el punto de vista militar. Luego, en 1956, surgió la crisis del canal de Suez, también conocida como la «Guerra del Sinaí» entre Egipto e Israel, pero duró solamente nueve días, y terminó con la victoria de la nación de Israel.

Posteriormente, en 1967 ocurrió la guerra más breve de estos ejemplos y la más impresionante a la vez, porque en solo seis días Israel venció a sus enemigos y tomó el control de gran parte de la tierra. Fue un conflicto que surgió de nuevo a raíz de problemas con Egipto, que cerraría los estrechos de Tirán a los barcos israelíes. Y fue así como Egipto movilizó unos mil carros de combate y unos cien mil soldados en la frontera con Israel para atacar. A este conflicto se unió también Jordania y Siria en un intento por ayudar a Egipto. Pero en tan solo seis días, Israel logró vencer a sus enemigos, y para el final de la breve guerra, había tomado la península del Sinaí, la franja de Gaza, Cisjordania, Jerusalén Este y los Altos del Golán. Por lo tanto, Dios no solo libró a su pueblo, sino que, además, la victoria sirvió de gran provecho para Israel.

Por último, tenemos como ejemplo la guerra de Yom Kipur, un conflicto que se parece mucho a lo que pasó en el 2023 con Hamás por el hecho de que los enemigos de Israel atacaron por sorpresa durante un día sagrado para el pueblo judío. Se trata de un ataque que lanzaron Egipto y Siria en medio de la fiesta de Yom Kipur, la más sagrada quizás para los judíos, en un intento por recuperar la península del Sinaí y los Altos del Golán. Estados Unidos y la Unión Soviética fueron fundamentales en este conflicto, pues cada cual apoyó a sus socios: Estados Unidos a Israel y la Unión Soviética a Egipto y Siria. Pero una vez más, Israel obtuvo la victoria, y el 25 de octubre se le dio fin a la guerra, quedando aún más beneficiado geográficamente que antes del conflicto.

Como ha podido apreciar, estimado lector, una y otra vez Dios ha cuidado a su pueblo. En algunos videos que he visto por Internet, he oído testimonios de militares árabes en varias de estas guerras que vieron hasta ángeles. Otros han hablado de experiencias sobrenaturales, como la de un soldado judío que quedó solo ante un gran número de enemigos y milagrosamente sobrevivió. No estoy seguro sobre la veracidad de estas historias, pero no necesito historias o videos para saber lo que la Biblia ya dice: «El ángel de Jehová acampa alrededor de los que le temen, y los defiende» (Sal 34:7). Y también: «He aquí, no se adormecerá ni dormirá el que guarda a Israel» (Sal 121:4).

El mensaje con el que quiero que usted se quede, estimado lector, es que si Dios está de su lado, nadie puede hacerle la guerra y vencer. El apóstol Pablo dijo en Romanos 8: «¿Qué, pues, diremos a esto? Si Dios es por nosotros, ¿quién contra nosotros?» (v. 31). Si usted es de Cristo, tiene la victoria garantizada ante cada dificultad que se le presente, porque Dios pelea sus batallas. Así que llénese de fe.

«Jehová de los ejércitos está con nosotros; nuestro refugio es el Dios de Jacob» (Sal 46:11).

## CAPÍTULO 10

# LA GRAN TRIBULACIÓN: EL FUEGO DE LA PRUEBA PARA ISRAEL

«Y será tiempo de angustia, cual nunca fue desde que hubo gente hasta entonces; pero en aquel tiempo será libertado tu pueblo, todos los que se hallen escritos en el libro». (Dn 12:1)

Retomando el tema que comenzamos a desarrollar un par de capítulos atrás acerca de la restauración de Israel, recordemos que en la profecía del valle de los huesos secos el profeta observó que la restauración del pueblo sucedería en dos fases, una primera donde se unirían los huesos, y otra en la que soplaría el Espíritu Santo sobre ellos para traerles vida. Aprendimos que la primera parte de la restauración sucedió el 14 de mayo de 1948 cuando, contra todo pronóstico, Israel fue establecido como nación, tomando así posesión nuevamente de la tierra que Dios le había entregado. Aquello dio pie a que miles de judíos regresaran a su tierra y, hoy por hoy, son una nación fuerte militarmente. Podemos decir que ya la higuera reverdeció. Sin embargo, aún falta la restauración más importante, la segunda etapa que observó el profeta Ezequiel, la restauración espiritual, que se trata sencillamente del plan divino según el cual ellos saldrán de las tinieblas espirituales para reconocer que Jesucristo es el Señor, y así podrán ser salvos y restaurados en su totalidad.

En la actualidad, todavía los judíos están endurecidos de la manera en que enseñó Pablo en Romanos 11:25. Tan solo hace falta echar un vistazo para ver cuánta diversidad de credos y religiones tienen, cuando antes eran una nación con una misma fe. Ahora existen ortodoxos, católicos, ateos, agnósticos y una gran diversidad de criterios religiosos. También es un país donde se han abierto puertas a varios pecados terribles que traen la ira de Dios. Pero, sobre todo, lo más triste es que al leer la ley de Moisés mantienen el mismo velo que les impide ver. O sea, no pueden ver a Cristo, no logran entender que todo el Antiguo Testamento apuntaba hacia Él. Y eso se debe a que no han recibido la revelación e iluminación que provee el Espíritu Santo. No obstante, la gran noticia es que se acerca ese día. Como ya mencionamos unos capítulos atrás, se acerca ese día glorioso cuando Dios restaurará a Israel y los despertará espiritualmente para que clamen a Cristo Jesús.

Sin embargo, cabe decir que esa restauración no vendrá sin que primero los judíos sean pasados por el fuego. ¡Sí! Así como el fuego purifica el oro, así también Dios purificará a su pueblo a través del fuego de la prueba para que se humillen, y cuando ya estén preparados, entonces recibirán revelación acerca del Mesías para ser salvos. Precisamente de eso es que quiero hablar en este capítulo, del fuego de la prueba a través del cual Israel tendrá que pasar en la gran tribulación antes de ser salvos. En este capítulo vamos a comenzar a estudiar las grandes profecías que están por cumplirse en el pueblo de Israel, por lo tanto, preste gran atención al desenlace de la profecía bíblica que estudiaremos a continuación.

## ¿Cuándo será?

Antes de detenerme en las terribles pruebas que tendrá que atravesar la nación de Israel en la víspera de su restauración, quiero explicar cuándo sucederá esa restauración, porque veo que muchos hermanos, aun judíos mesiánicos, no han entendido las etapas proféticas de Dios, por lo que creen que este es el tiempo de restauración, cuando en realidad no lo es. Hay personas que piensan que en este tiempo los judíos serán restaurados y que todos serán salvos. Pero ignoran que todavía faltan algunos eventos muy importantes que deben cumplirse para que Israel pueda ser restaurado espiritualmente.

Primero, tenemos que recordar que el tiempo de gracia que estamos viviendo ahora es un tiempo en el que Dios abrió la puerta de salvación para todas las naciones en su misericordia; y para esto, recordemos que Él tuvo que poner en pausa profética a su pueblo Israel. Recordemos también que en la visión de las setenta semanas que tuvo el profeta Daniel, quedó una semana de años sin cumplirse. ¿Por qué razón? Sencillamente porque Dios permitió que Israel se endureciera como nación para que así la puerta de salvación se abriera a todas las naciones. La Palabra señala: «A lo suyo vino, y los suyos no le recibieron. Mas a todos los que le recibieron, a los que creen en su nombre, les dio potestad de ser hechos hijos de Dios» (Jn 1:11-12). Por ello, el pueblo de Israel todavía está en esa pausa profética, porque estamos aún en el tiempo de la iglesia.

Entender todo esto nos ayudará a diferenciar cuándo, en el Nuevo Testamento, se está dando una profecía apocalíptica para la iglesia y cuándo para Israel. Por ejemplo, el famoso pasaje de Mateo 24 y 25, aunque contiene enseñanzas y advertencias del Señor para la iglesia, aun así, no debemos olvidar que es un pasaje lleno de profecías escatológicas para el pueblo de Israel en particular. La persecución que atravesarán y otras profecías detalladas en esos capítulos tan conocidos no son para la iglesia, sino para Israel. Así también, al leer el libro de Apocalipsis, debemos saber que desde el capítulo 5 en adelante no vemos más a la iglesia en la tierra, sino a Israel. Por eso hay tantos simbolismos y objetos del judaísmo en las visiones de Apocalipsis, porque será un tiempo de Dios para tratar con los judíos.

En fin, lo que quiero que usted comprenda es que estamos ahora en el tiempo de la iglesia, tiempo en el que Israel está todavía endurecido. Y aquí viene la clave: para que Israel sea restaurado, tiene que terminar el tiempo de la iglesia. El Señor Jesús profetizó acerca de Israel diciendo: «Y caerán a filo de espada, y serán llevados cautivos a todas las naciones; y Jerusalén será hollada por los gentiles, hasta que los tiempos de los gentiles se cumplan» (Lc 21:24). Y también el apóstol Pablo apuntó: «Ha acontecido a Israel endurecimiento en parte, hasta que haya entrado la plenitud de los gentiles» (Ro 11:25).

Estos pasajes evidencian que, antes de que Israel pueda comenzar a ser procesado por Dios para una restauración espiritual, tiene que terminar el tiempo de la iglesia, y eso sucederá a través de un evento profético llamado *el arrebatamiento de la iglesia*. La Palabra del Señor explica así este evento maravilloso: «Porque el Señor mismo con voz de mando, con voz de arcángel, y con trompeta de Dios, descenderá del cielo; y los muertos en Cristo resucitarán primero. Luego nosotros los que vivimos, los que hayamos quedado, seremos arrebatados juntamente con ellos en las nubes para recibir al Señor en el aire, y así estaremos siempre con el Señor» (1 Ts 4:16-17).

Este pasaje enseña la gran promesa que la iglesia ha estado esperando durante siglos, el regreso de nuestro

Señor Jesucristo. Ciertamente, Él vendrá por segunda vez, así como los ángeles habían prometido diciendo: «Este mismo Jesús, que ha sido tomado de vosotros al cielo, así vendrá como le habéis visto ir al cielo» (Hch 1:11).

Sin embargo, también la Biblia da evidencia de que esa segunda venida sucederá en dos etapas; primero, un arrebatamiento en el que levantará a su iglesia al cielo, y luego vendrá con esa misma iglesia a establecer el reino milenial en la tierra siete años después. Esa, mi estimado lector, es una promesa maravillosa que estamos esperando con gran expectativa. No sabemos cuándo, pero sí sabemos que muy pronto el Señor Jesús vendrá por sorpresa en las nubes y escucharemos su voz y el sonido de la trompeta. Y al hacerlo, los muertos en Cristo resucitarán para ser glorificados y ascendidos al cielo, mientras que todos los cristianos que estemos vivos para ese día, juntamente con ellos, seremos transformados en el aire y arrebatados al cielo para celebrar con Cristo las bodas del Cordero. ¡Aleluya! ¡Yo espero ese día con gran gozo!

Algunos maestros creen que el arrebatamiento no será un evento distinto a la segunda venida, sino que Cristo vendrá a arrebatarnos al final de la gran tribulación. Pero yo soy de los que piensan que es imposible que la Iglesia esté presente en la tierra cuando se manifieste el anticristo. En mi otro libro, titulado *Apocalipsis. ¿Qué dice la Biblia sobre las profecías del fin?*, dedico un capítulo entero a explicar las numerosas razones por las cuales creemos que el arrebatamiento será primero, antes de que se manifieste el anticristo, o sea, siete años antes de la segunda venida literal de Cristo a la tierra. Pero permítame ofrecerle dos o tres argumentos porque entiendo que para que usted pueda comprender bien el plan de Dios para restaurar a Israel, es vital entender la doctrina del arrebatamiento de la iglesia.

En primer lugar, creemos que el arrebatamiento ocurrirá primero porque es imposible que el anticristo se manifieste con la iglesia todavía presente en la tierra. El apóstol Pablo dijo: «Porque ya está en acción el misterio de la iniquidad; solo que hay quien al presente lo detiene, hasta que él a su vez sea quitado de en medio. Y entonces se manifestará aquel inicuo, a quien el Señor matará con el espíritu de su boca, y destruirá con el resplandor de su venida» (2 Ts 2:7-8).

«Quien al presente lo detiene» habla de una persona o entidad que está aquí en la tierra y que no permite que se manifieste el anticristo. Esa persona, estimado lector, es el Espíritu Santo o el remanente, o sea, la iglesia de Cristo Jesús. Cristo prometió que ni las puertas del infierno prevalecerían contra la iglesia (Mateo 16:18). Por eso es imposible que el anticristo se pueda manifestar con una iglesia llena del Espíritu Santo todavía presente en la tierra. Por lo cual, la iglesia tiene que ser levantada primero para que el anticristo se pueda manifestar y así comenzar la última semana de Daniel.

En segundo lugar, debemos recordar que en la gran tribulación Dios enviará *su ira* sobre la tierra. No será un tiempo de proceso en la iglesia, sino de ira consumidora al mundo impío. La buena noticia es que la Biblia promete que esa ira no será contra nosotros, la iglesia, porque no estaremos aquí. Así como Dios puso primero a salvo a Noé y a Lot con sus familias respectivas antes de que la ira divina cayera, así también Dios guardará a su pueblo.

Fue en ese mismo sentir que el Señor le dijo a la iglesia de Filadelfia en Apocalipsis 3:10: «Por cuanto has guardado la palabra de mi paciencia, yo también te guardaré de la hora de la prueba que ha de venir sobre el mundo entero, para probar a los que moran sobre la tierra». Note que el Señor no dice que nos guardará *en*, sino *de* la hora de la prueba. Por eso Pablo, en 1 Tesalonicenses 5, hablando en ese mismo contexto de la ira de Dios que caerá sobre la tierra, nos alienta diciendo: «Porque no nos ha puesto Dios para ira, sino para alcanzar salvación por medio de nuestro Señor Jesucristo» (1 Ts 5:9).

Un último argumento que nos sirve para demostrar que el arrebatamiento será primero es la misma naturaleza y el curso profético de la última semana de Daniel. Aunque haya historiadores que intenten decir que esa semana sí se cumplió en algún momento posterior a la muerte de Cristo, la realidad es que no fue así, porque está reservada para el tiempo del fin cuando termine el tiempo de la iglesia, la pausa profética. Esos siete años son un trato de Dios exclusivamente con el pueblo de Israel. El ángel le dijo a Daniel: «Setenta semanas están determinadas sobre *tu pueblo* y sobre *tu santa ciudad*» (Dn 9:24, énfasis añadido). Por consiguiente, la profecía y los eventos que sucederán en esos siete años finales son solo para tratar con Israel.

De esta manera, estimado lector, el arrebatamiento será *el evento* que pondrá fin al trato de Dios con la iglesia, y dará inicio, o mejor dicho reanudación, al trato de Dios con Israel para restaurarlo. Cuando la iglesia sea arrebatada, comenzarán en el cielo las bodas del Cordero, de Cristo con su iglesia, mientras que en la tierra se iniciará la última semana de Daniel, siete años en los cuales Dios tratará con su pueblo para que sean salvos. Pero ¿qué pasará en esos siete años?

## El fuego de la prueba

Lo primero que la Biblia parece indicar que sucederá con posterioridad al arrebatamiento es la manifestación del anticristo, un hombre malvado y endemoniado que forjará una dictadura satánica en todo el mundo para engañar a las personas y que se pierdan eternamente. Sobre esto, la Biblia dice así: «Y entonces se manifestará aquel inicuo [...] cuyo advenimiento es por obra de Satanás, con gran poder y señales y prodigios mentirosos, y con todo engaño de iniquidad para los que se pierden, por cuanto no recibieron el amor de la verdad para ser salvos» (2 Ts 2:8-10).

Este hombre malvado será un poderoso líder poseído por el mismo Satanás para reinar en la tierra durante siete años. En los libros de Daniel y Apocalipsis encontramos numerosas características que lo describen, por ejemplo, su procedencia, la marca 666 que creará, el falso profeta que tendrá a su lado y la imagen que este levantará. Todo esto usted puede aprenderlo en mi otro libro, donde explico en detalle la mayoría de las profecías del fin. Pero en este capítulo solo me quiero enfocar en la capacidad de engaño que la Biblia dice que tendrá el anticristo, pues señala que él vendrá por obra de Satanás, como leímos anteriormente.

Ahora bien, los primeros que serán engañados por el anticristo serán las personas del mundo gentil impío, aquellas que no recibieron a Cristo mientras la puerta de salvación estuvo abierta. Debido a que la última semana de Daniel es un tiempo en el que Dios tratará exclusivamente con Israel en cuanto a la salvación, yo soy de los que piensan que no habrá más oportunidad de salvación para el mundo gentil. No me refiero a aquellos cristianos que se habrán quedado por no estar preparados y a los cuales quizás Dios les dará la oportunidad de salvarse, aunque atravesando el martirio. Me refiero a aquellos gentiles que menospreciaron la verdad del evangelio mientras la oportunidad estuvo abierta. Por eso la profecía advierte que el anticristo vendrá «con todo engaño de iniquidad para los que se pierden, por cuanto no recibieron el amor de la verdad para ser salvos. Por esto Dios les envía un poder engañoso, para que crean la mentira, a fin de que sean condenados todos los que no creyeron a la verdad, sino que se complacieron en la injusticia» (2 Ts 2:10-12).

Sencillamente, todos los impíos gentiles, ateos, agnósticos y religiosos que rechazaron a Cristo serán engañados por un espíritu de engaño, sobre los cuales Apocalipsis dice: «Y los otros hombres que no fueron muertos con estas plagas, ni aun así se arrepintieron de las obras de sus manos, ni dejaron de adorar a los demonios, y a las imágenes de oro, de plata, de bronce, de piedra y de madera, las cuales no pueden ver, ni oír, ni andar; y no se arrepintieron de sus homicidios, ni de sus hechicerías, ni de su fornicación, ni de sus hurtos» (Ap 9:20-21).

Estos gentiles serán engañados por el anticristo y se colocarán su marca para así quedar condenados eternamente al lago de fuego.

Ahora bien, aparte de estos gentiles, habrá un grupo muy particular que el anticristo intentará engañar por todos los medios, y será la nación de Israel, haciéndose pasar por su Mesías. Debemos recordar que debido a que la mayor parte de la nación rechazó a Jesucristo, muchos judíos, especialmente ortodoxos, están todavía esperando la llegada del Mesías. Y como rechazaron al verdadero, serán engañados por el anticristo a quien recibirán como el mesías.

Un detalle importante es que al pueblo de Israel le faltó revelación profética en la primera venida de Cristo, y en la actualidad le ocurre lo mismo, porque están esperando a un mesías político. En la primera venida de Cristo, ellos no supieron diferenciar que las profecías bíblicas anunciaban que el Cristo vendría primero como Cordero a dar su vida, para luego volver como León a reinar con gran poder. Y así también, hoy en día, los judíos están engañados esperando a un mesías especialmente político que los defienda de sus enemigos. Ese será el gancho que usará el anticristo para engañar a Israel, puesto que su gran poder satánico lo capacitará para ser un excelente negociador que le hará creer a Israel que él está de su parte y que los va a proteger.

Debemos recordar que la Biblia dice que el anticristo vendrá prometiendo paz y seguridad. Al respecto, Pablo apuntó «que cuando digan: Paz y seguridad, entonces vendrá sobre ellos destrucción repentina, como los dolores a la mujer encinta, y no escaparán» (1 Ts 5:3). También en la visión que tuvo Juan acerca del primer sello que se abre vemos a un jinete montado en un caballo blanco: «Vi cuando el Cordero abrió uno de los sellos, y oí a uno de los cuatro seres vivientes decir como con voz de trueno: Ven y mira. Y miré, y he aquí un caballo blanco; y el que lo montaba tenía un arco; y le fue dada una corona, y salió venciendo, y para vencer» (Ap 6:1-2).

Este jinete del primer sello representa al anticristo, quien vendrá montado sobre promesas falsas de paz y seguridad, levantando un arco sin flechas en su mano, a manera de un decreto de alto al fuego. Entonces, el mundo entero caerá a sus pies, porque logrará una falsa paz y seguridad, por lo que muchos lo verán como la solución para los grandes conflictos bélicos. Y, precisamente, una de las naciones que caerá en sus garras será Israel.

Este hombre malvado se hará pasar por un gran amante de la nación de Israel y hará pacto con muchas naciones, en especial con el mundo árabe, para supuestamente proteger a Israel y de esa manera confirmar el pacto. El profeta Daniel dijo en su libro que «por otra semana confirmará el pacto con muchos» (Dn 9:27). Esto evidencia que antes de la manifestación del anticristo habrá numerosos intentos por crear un acuerdo de paz en el Medio Oriente. En el 2020, por ejemplo, se firmó el famoso «Acuerdo Abrahámico», un pacto de paz entre Israel y las naciones árabes, en unidad también con el cristianismo, ya que las tres religiones comparten la importancia de Abraham. Sin embargo, como hemos podido ver en los años posteriores, las relaciones en el Medio Oriente no han mejorado, sino que han empeorado. Pero cuando el anticristo se manifieste, aunque con poder satánico y engañoso, logrará un pacto de paz que unirá por algunos meses al Medio Oriente. No obstante, como dice la profecía, cuando declaren ese acuerdo de paz y seguridad, entonces vendrá la destrucción y la ira de Dios, porque solo hay un Príncipe de paz, y ese es Cristo Jesús.

Otra hazaña grande que, aparentemente, el anticristo realizará será la reconstrucción del tercer templo judío, algo hasta ahora imposible, ya que los judíos dicen que el antiguo templo está debajo de la actual Mezquita de Omar, uno de los tres lugares más sagrados para el islam, y destruir semejante templo musulmán significaría la tercera guerra mundial. Por otra parte, no debemos ignorar que el anticristo tendrá de su lado al mundo islámico, porque ellos también están esperando un mesías, el Mahdi, un hombre que, según ellos, los ayudará a derrotar a los judíos. También cabe decir que los diez cuernos que tenía el reino de la bestia, y que observaron Daniel y Juan en visión (Daniel 7 y Apocalipsis 13), representan diez reyes de la antigua región que gobernó Roma, o sea, Europa, el norte de África y el Medio Oriente, los que reinarán juntamente con el anticristo. La profecía dice: «Y los diez cuernos que has visto, son diez reyes, que aún no han recibido reino; pero por una hora recibirán autoridad como reyes juntamente con la bestia» (Ap 17:12). Por eso el mundo islámico será fundamental para la propagación y el dominio del anticristo. Y con ese apoyo, de alguna manera el anticristo logrará un acuerdo para poder reconstruir el tercer templo judío, haciéndose pasar por un amante del pueblo, lo cual le dará un protagonismo único en el mundo judío a tal nivel que la gente lo verá como el mesías. Pero cuando más confiados estén, el anticristo entrará en el templo haciéndose llamar a sí mismo dios, y sucederá entonces la profecía terrible de la abominación desoladora de la cual habló el profeta Daniel, pues el anticristo «se opone y se levanta contra todo lo que se llama Dios o es objeto de culto; tanto que se sienta en el templo de Dios como Dios, haciéndose pasar por Dios» (2 Ts 2:4).

Ante semejante blasfemia, los judíos se darán cuenta de que han sido engañados; entonces, el anticristo mostrará su verdadero rostro malévolo y antisemita, y comenzará una gran persecución contra los judíos. El profeta Jeremías se refirió a ese día como la angustia de Jacob: «¡Ah, cuán grande es aquel día!, tanto, que no hay otro semejante a él; tiempo de angustia para Jacob; pero de ella será librado» (Jr 30:7).

También el profeta Daniel habló de ese tiempo diciendo:

> En aquel tiempo se levantará Miguel, el gran príncipe que está de parte de los hijos de tu pueblo; y será tiempo de angustia, cual nunca fue desde que hubo gente hasta entonces; pero en aquel tiempo será libertado tu pueblo, todos los que se hallen escritos en el libro [...] Y dijo uno al varón vestido de lino, que estaba sobre las aguas del río: ¿Cuándo será el fin de estas maravillas? Y oí al varón vestido de lino, que estaba sobre las aguas del río, el cual alzó su diestra y su siniestra al cielo, y juró por el que vive por los siglos, que será por tiempo, tiempos, y la mitad de un tiempo. Y cuando se acabe la dispersión del poder del pueblo santo, todas estas cosas serán cumplidas [...] Y desde el tiempo que sea quitado el continuo sacrificio hasta la abominación desoladora, habrá mil doscientos noventa días. (Dn 12:1, 6-7, 11)

El anticristo romperá el pacto que había hecho para proteger a Israel de sus enemigos, por lo que los judíos se darán cuenta de que han sido engañados y tendrán que huir como Jesús mismo profetizó: «Por tanto, cuando veáis en el lugar santo la abominación desoladora de que habló el profeta Daniel (el que lee, entienda), entonces los que estén en Judea, huyan a los montes» (Mt 24:15-16). Todo ese engaño será permitido por Dios para que entiendan que solo Él es Dios.

Una de las visiones que ilustran muy bien esa persecución es la que aparece en Apocalipsis 12, donde se nos dice:

> Apareció en el cielo una gran señal: una mujer vestida del sol, con la luna debajo de sus pies, y sobre su cabeza una corona de doce estrellas. Y estando encinta, clamaba con dolores de parto, en la angustia del alumbramiento. También apareció otra señal en el cielo: he aquí un gran dragón escarlata, que tenía siete cabezas y diez cuernos, y en sus cabezas siete diademas; y su cola arrastraba la tercera parte de las estrellas del cielo, y las arrojó sobre la tierra. Y el dragón se paró frente a la mujer que estaba para dar a luz, a fin de devorar a su hijo tan pronto como naciese. Y ella dio a luz un hijo varón, que regirá con vara de hierro a todas las naciones; y su hijo fue arrebatado para Dios y para su trono. Y la mujer huyó al desierto, donde tiene lugar preparado por Dios, para que allí la sustenten por mil doscientos sesenta días. (Ap 12:1-6)

El período de la gran tribulación, que durará tres años y medio, la segunda parte de la última semana de Daniel, serán años de gran agonía para la nación de Israel. Ellos perderán el apoyo internacional, la protección de Estados Unidos y tendrán sobre sí la ira del diablo, del anticristo y del mundo entero que intentarán abatirlo. Los judíos se verán traicionados y decepcionados, y más vulnerables que nunca. Pero aun así, la profecía dice que Dios los guardará en el desierto y los sustentará por mil doscientos sesenta días, que según el calendario hebreo son cerca de tres años y medio. La visión de Apocalipsis 12 continúa así:

> Y cuando vio el dragón que había sido arrojado a la tierra, persiguió a la mujer que había dado a luz al hijo varón. Y se le dieron a la mujer las dos alas de la gran águila, para que volase de delante de la serpiente al desierto, a su lugar, donde es sustentada por un tiempo, y tiempos, y la mitad de un tiempo. Y la serpiente arrojó de su boca, tras la mujer, agua como un río, para que fuese arrastrada por el río. Pero la tierra ayudó a la mujer, pues la tierra abrió su boca y tragó el río que el dragón había echado de su boca. Entonces el dragón se llenó de ira contra la mujer; y se fue a hacer guerra contra el resto de la descendencia de ella, los que guardan los mandamientos de Dios y tienen el testimonio de Jesucristo. (vv. 13-17)

Esta será la gran prueba de fuego a través de la cual, una vez más, Dios los hará caer de su fortaleza humanista y religiosa para darse cuenta de que otra vez han sido engañados. Y después de esa purificación, Dios comenzará a tratar con el pueblo en el desierto para que se arrepientan y clamen a Jesucristo.

Estimado lector, en ocasiones Dios nos hace pasar por el fuego de la prueba, pero siempre que el fuego viene de parte de Él es para purificarnos y llevarnos a la perfección que desea para nosotros. La nación de Israel ha estado bajo un tiempo de gran oscuridad espiritual; sin embargo, en la gran tribulación, Dios tratará con ellos, primero, a través del fuego para que levanten su mirada al cielo y clamen a Jesucristo. Recordemos que sus planes son de bien y no de mal (Jr 29:11).

# CAPÍTULO 11

# LA RESTAURACIÓN DE ISRAEL

«Y luego todo Israel será salvo, como está escrito: vendrá de Sion el Libertador, que apartará de Jacob la impiedad». (Ro 11:26)

Recuerdo con mucho cariño un antiguo himno que alguna vez aprendí siendo niño y que decía algo así como: «Tu gracia me quebranta y luego me levanta». Esa frase, aunque no la comprendía entonces, la pude entender durante mi crecimiento, no a través de lecciones filosóficas o teológicas, sino por medio de las mismas experiencias con Dios. Y es que a menudo, cuando Él desea usarnos, primero nos quebranta para luego poder hacer algo nuevo. Es como la vasija del alfarero que en ocasiones la tiene que romper para poder hacer una nueva pieza. Eso será, precisamente, lo que Dios hará con Israel en la gran tribulación. Él los hará pasar por el fuego de la prueba para que se humillen, como ya aprendimos en el capítulo anterior, pero después tratará con ellos para salvarlos. En este capítulo vamos a estudiar la restauración final de la nación de Israel y el plan de Dios con ellos para el milenio.

Luego de que Israel sea engañado por el anticristo y resulten perseguidos por él en la gran tribulación, el pueblo tendrá que huir para salvarse, y en medio de ese dolor Dios tratará con ellos para que todo Israel sea salvo. Pero que nadie se equivoque, no serán salvos a través de la ley, sino a través de la gracia, la misma gracia con la cual nosotros hemos sido salvos. Y enfatizo esto porque muchos cristianos creen que la gracia se terminará en el arrebatamiento. Sin embargo, debemos saber que en el rapto lo que termina es el trato de gracia divina *para el mundo gentil*, pero no podemos decir que se acabará la gracia, porque es imposible que los judíos sean salvos de otra manera que no sea a través de la fe en Cristo Jesús. El apóstol Pablo prometió en Romanos 11:26, el pasaje que inicia este capítulo, que todo Israel será salvo, pero la forma en que Dios lo hará será trabajando en sus corazones por medio de su Espíritu Santo. De esto habló el profeta Zacarías diciendo: «Y derramaré sobre la casa de David, y sobre los moradores de Jerusalén, espíritu de gracia y de oración; y mirarán a mí, a quien traspasaron, y llorarán como se llora por hijo unigénito, afligiéndose por él como quien se aflige por el primogénito» (Zac 12:10).

He aquí una de las profecías más hermosas sobre la nación de Israel para el tiempo del fin. Dios les extenderá su gracia, convenciéndolos de pecado a través de su Espíritu Santo y será ahí, en el desierto, donde Dios abrirá sus ojos para que entiendan que el verdadero Mesías es aquel Jesús que una vez entregaron a los romanos para ser crucificado. También comprenderán en ese desierto el plan de salvación de Dios para el hombre a través de la gracia. Y ante tal revelación, será que ellos llorarán como se llora por hijo unigénito, afligiéndose por él como quien se aflige por el primogénito. Y será entonces, estimado lector, una vez que todo el pueblo se haya arrepentido de corazón, creyendo en Jesucristo, que comenzarán a orar por su regreso. Tan solo imaginemos cuán hermosa será esa escena en la que millones de judíos refugiados en el desierto levantarán sus manos y llorarán clamando a Jesús por su perdón, su gracia, y para que venga de nuevo a rescatarlos de sus enemigos. ¡Aleluya! Sin lugar a duda, será hermoso ese momento de restauración en el cual la venda caerá de sus ojos y tendrán total revelación de Jesucristo y su gracia.

## Los dos testigos

Ahora bien, Dios no solo tratará con Israel a través del fuego de la prueba y de su Espíritu Santo, sino que también usará a dos hombres llamados en la profecía los dos olivos, o los dos testigos, quienes predicarán del evangelio a los judíos. Pero ¿quiénes serán y qué labor desarrollarán? Leamos el siguiente pasaje:

> Y daré a mis dos testigos que profeticen por mil doscientos sesenta días, vestidos de cilicio. Estos testigos son los dos olivos, y los dos candeleros que están en pie delante del Dios de la tierra. Si alguno quiere dañarlos, sale fuego de la boca de ellos, y devora a sus enemigos; y si alguno quiere hacerles daño, debe morir él de la misma manera. Estos tienen poder para cerrar el cielo, a fin de que no llueva en los días de su profecía; y tienen poder sobre las aguas para convertirlas en sangre, y para herir la tierra con toda plaga, cuantas veces quieran. (Ap 11:3-6)

A estos hombres se les llama testigos, olivos y candeleros, porque tendrán la responsabilidad de testificar de Cristo durante mil doscientos sesenta días, lo cual es igual a tres años y medio en el calendario hebreo. Ellos darán testimonio de Cristo, profetizarán de su regreso, y también serán un puñal para el reino del anticristo, porque profetizarán de tal manera que enojarán a los moradores de la tierra, así como lo hacían aquellos profetas del Antiguo Testamento, los cuales profetizaban sin miedo en contra del pecado. También se dice de ellos que podrán hacer milagros asombrosos, milagros que estudiaremos a continuación. Y además contarán con la protección divina hasta que terminen su ministerio. Pero lo más importante es que predicarán vestidos de cilicio, lo cual será una señal para el pueblo de Israel de que Dios los está llamando al arrepentimiento.

Quiénes pudieran ser estos dos testigos es un gran misterio, y no quiero ser demasiado dogmático. Pero aquí van algunas teorías. Primeramente, algunos han propuesto que se pudiera tratar de dos judíos cristianos de aquel momento futuro, que se levantarán con el «espíritu» o la «unción» de Elías y Moisés para predicar, de la misma forma que Juan el Bautista fue un tipo de Elías. Otros piensan que pudieran ser Enoc y Elías, y se basan principalmente en el hecho de que los mismos nunca vieron la muerte (Gn 5:24; 2 R 2:11). Estos últimos dicen que, según Hebreos 9:27, es obligatorio que toda persona muera. Pero debemos recordar que no necesariamente Enoc tuvo que morir, porque en el arrebatamiento millones de cristianos seremos arrebatados sin ver muerte. Enoc parece haber sido un tipo de la iglesia que será arrebatada.

Una tercera teoría, que para mí es la más acertada, es que los dos testigos serán Moisés y Elías, que vendrán literalmente a la tierra a predicar. Para empezar, no podemos negar que los milagros que se mencionan en el pasaje sobre estos dos testigos se parecen mucho a los que realizaron Moisés y Elías. Elías fue el único profeta que cerró el cielo por tres años y medio para que no lloviese (1 R 17—18). Curiosamente, la sequía que provocó Elías duró el mismo tiempo que testificarán los dos testigos, tres años y medio. Y en el caso de Moisés, fue el único profeta que convirtió las aguas en sangre en Egipto y ministró en el caso de las diez plagas sobrenaturales. Por tanto, esta serie de señales que se describen en Apocalipsis se parecen mucho a aquellas que hicieron Moisés y Elías.

También debemos recordar que estos mismos fueron quienes aparecieron junto a Jesús en la transfiguración (Lc 9:28-36). Y la razón por la cual estos dos testigos se parecen tanto en la profecía a Moisés y Elías es porque Moisés representa la ley y Elías representa a los profetas, y ambos —más bien todo el Antiguo Testamento— apuntaron proféticamente a Jesús. Por eso Felipe le dijo a Natanael: «Hemos hallado a *aquel de quien escribió Moisés en la ley, así como los profetas*: a Jesús, el hijo de José, de Nazaret» (Jn 1:45, énfasis añadido).

En fin, la verdadera identidad de estos dos testigos es un misterio. Pero, ya sean verdaderamente Moisés y Elías, o sencillamente dos hombres con la unción de aquellos profetas, lo que sí parece evidente es que el pueblo de Israel entenderá el mensaje y su simbolismo, por lo que creerán el mensaje de ellos, más aún si fueran en verdad los dos profetas y vieran la manera impactante en que resucitarán. Así continúa la profecía sobre estos testigos:

> Cuando hayan acabado su testimonio, la bestia que sube del abismo hará guerra contra ellos, y los vencerá y los matará. Y sus cadáveres estarán en la plaza de la grande ciudad que en sentido espiritual se llama Sodoma y Egipto, donde también nuestro Señor fue crucificado. Y los de los pueblos, tribus, lenguas y naciones verán sus cadáveres por tres días y medio, y no permitirán que sean sepultados. Y los moradores de la tierra se regocijarán sobre ellos y se

> alegrarán, y se enviarán regalos unos a otros; porque estos dos profetas habían atormentado a los moradores de la tierra. Pero después de tres días y medio entró en ellos el espíritu de vida enviado por Dios, y se levantaron sobre sus pies, y cayó gran temor sobre los que los vieron. Y oyeron una gran voz del cielo, que les decía: Subid acá. Y subieron al cielo en una nube; y sus enemigos los vieron. En aquella hora hubo un gran terremoto, y la décima parte de la ciudad se derrumbó, y por el terremoto murieron en número de siete mil hombres; y los demás se aterrorizaron, y dieron gloria al Dios del cielo. (Ap 11:7-13)

Este evento será estrepitoso para el mundo entero. Al leer este pasaje, por un momento recordé al profeta Elías, al cual Jezabel intentó matar porque no podía soportar su mensaje. De igual manera, el mensaje de juicio que estos dos testigos predicarán en la gran tribulación causará tanta furia en el reino del anticristo que los matarán. Pero después de tres días y medio, Dios los levantará de los muertos a la vista de todas las naciones y serán alzados en una nube. Esto provocará un gran terremoto que será una evidencia más del poder de Dios en respaldo a aquel gran evento, de la misma manera en que la muerte y resurrección de Jesucristo provocaron terremotos a manera de señal.

## Los ciento cuarenta y cuatro mil sellados

También es posible que Dios use como misioneros a un grupo de ciento cuarenta y cuatro mil israelitas que serán sellados como primicia en el tiempo de la gran tribulación. Esta profecía la encontramos en Apocalipsis 7, donde dice así:

> Y oí el número de los sellados: ciento cuarenta y cuatro mil sellados de todas las tribus de los hijos de Israel. De la tribu de Judá, doce mil sellados. De la tribu de Rubén, doce mil sellados. De la tribu de Gad, doce mil sellados. De la tribu de Aser, doce mil sellados. De la tribu de Neftalí, doce mil sellados. De la tribu de Manasés, doce mil sellados. De la tribu de Simeón, doce mil sellados. De la tribu de Leví, doce mil sellados. De la tribu de Isacar, doce mil sellados. De la tribu de Zabulón, doce mil sellados. De la tribu de José, doce mil sellados. De la tribu de Benjamín, doce mil sellados. (vv. 4-8)

Más adelante, en el capítulo 14, también se dan algunos datos muy interesantes:

> Después miré, y he aquí el Cordero estaba en pie sobre el monte de Sion, y con él ciento cuarenta y cuatro mil, que tenían el nombre de él y el de su Padre escrito en la frente. Y oí una voz del cielo como estruendo de muchas aguas, y como sonido de un gran trueno; y la voz que oí era como de arpistas que tocaban sus arpas. Y cantaban un cántico nuevo delante del trono, y delante de los cuatro seres vivientes, y de los ancianos; y nadie podía aprender el cántico sino aquellos ciento cuarenta y cuatro mil que fueron redimidos de entre los de la tierra. Estos

> son los que no se contaminaron con mujeres, pues son vírgenes. Estos son los que siguen al Cordero por dondequiera que va. Estos fueron redimidos de entre los hombres como primicias para Dios y para el Cordero; y en sus bocas no fue hallada mentira, pues son sin mancha delante del trono de Dios. (vv. 1-5)

Esta profecía de los ciento cuarenta y cuatro mil sellados ha sido usada para muchas especulaciones y falsas doctrinas. Hay, por ejemplo, diferentes sectas que dicen que ellos son esos sellados. Otros comentan que ese grupo tipifica a la iglesia en el tiempo de la gran tribulación. Pero, para ser objetivos, en la profecía todo indica que serán israelitas auténticos que en algún momento de la última semana de Daniel serán sellados por Dios. Ellos tendrán un encuentro con Cristo Jesús en cuanto a revelación y salvación mucho antes que el resto del pueblo, por eso se les llama «redimidos de entre los hombres *como primicias* para Dios y para el Cordero» (v. 4, énfasis añadido). Y es muy probable que, al ser primicias, desarrollen un papel evangelístico entre sus hermanos israelitas en la gran tribulación, porque en Apocalipsis 7:3 se les llama «siervos».

En fin, el punto importante es que en la gran tribulación Dios tratará de diversas formas con la nación de Israel para que reconozcan que no hay salvación fuera de Él. Ellos serán pasados por el fuego de la persecución y, además, serán evangelizados por los dos testigos y los ciento cuarenta y cuatro mil sellados. Pero lo más importante es que el Espíritu Santo de Dios hará una obra muy poderosa en ellos, una obra que solo Él puede hacer. La Palabra dice en 1 Corintios 12 que «nadie puede llamar a Jesús Señor, sino por el Espíritu Santo» (v. 3). De modo que el Espíritu Santo será fundamental en ese trato. Y también, en ese momento, la venda de sus ojos se caerá. ¡Aleluya! Será un verdadero avivamiento, un despertar provocado por Dios para que su pueblo pueda abrir sus ojos y ser salvos.

El apóstol Pablo se refirió a ese momento de revelación de la siguiente manera:

> Pero el entendimiento de ellos se embotó; porque hasta el día de hoy, cuando leen el antiguo pacto, les queda el mismo velo no descubierto, el cual por Cristo es quitado. Y aun hasta el día de hoy, cuando se lee a Moisés, el velo está puesto sobre el corazón de ellos. Pero cuando se conviertan al Señor, el velo se quitará. Porque el Señor es el Espíritu; y donde está el Espíritu del Señor, allí hay libertad. (2 Co 3:14-17)

Tan solo imaginemos cómo será ese momento cuando, a través de la iluminación del evangelio, los judíos tendrán total revelación, la que antes no tuvieron. Permítame solamente referirme a algunos misterios que ellos comprenderán en ese día por la obra del Espíritu Santo. En primer lugar, tendrán una revelación impactante de las profecías que desde el Antiguo Testamento apuntaban a Cristo. Hoy en día, ellos leen la ley y los profetas, pero no ven a Cristo ahí. Sin embargo, cuando el velo se caiga, entenderán esos pasajes de una manera que nunca los habían entendido. Será como le sucedió a Saulo, quien a pesar de haber estudiado toda su vida la ley mosaica a tal nivel que se sabía de memoria las historias y leyes del Pentateuco, aun así, al convertirse tuvo que irse a Arabia a estudiar tres años enteros todo el Antiguo Testamento nuevamente, pero ya con la revelación de Jesucristo.

En segundo lugar, serán confrontados por la triste realidad de que negaron y entregaron al Mesías verdadero que una vez había sido enviado a ellos, a Jesús de Nazaret. Se golpearán el pecho y llorarán de una manera que Zacarías compara con el llanto de un padre que ha perdido a su hijo primogénito: «Y llorarán como se llora por hijo unigénito, afligiéndose por él como quien se aflige por el primogénito» (Zac 12:10).

También comprenderán en el desierto muchos otros misterios ocultos, misterios como aquel que hemos explicado, que Dios los provocó a celos con un pueblo que no era pueblo, como decía la profecía: «Yo os provocaré a celos con un pueblo que no es pueblo; con pueblo insensato os provocaré a ira» (Ro 10:19). Pero lo más importante es que ellos tendrán revelación profética de que, a pesar de todo, a pesar de haber entregado y rechazado al Mesías, aun así tendrán una segunda oportunidad de gracia para que sean salvos.

Y será en ese momento que los judíos clamarán a Cristo Jesús, lo invocarán, lo llamarán y orarán otra vez, ya no confiados en su ley, sino que clamarán a Dios en el nombre de Jesucristo. Y será entonces que Cristo Jesús regresará por segunda vez. Él mismo dijo a los judíos: «Porque os digo que desde ahora no me veréis, *hasta que digáis: Bendito el que viene en el nombre del Señor*» (Mt 23:39, énfasis añadido). Este pasaje revela que Cristo no regresará por segunda vez de manera literal y visible hasta que no suceda la restauración profetizada, cuando los judíos recibirán al Señor primero en sus corazones; pero una vez que hayan tenido revelación de Cristo, entonces sucederá la segunda venida de Cristo, el evento tan esperado.

## La segunda venida de Cristo

Cuando llegue el final de los siete años de tribulación y gran tribulación que corresponden a la última semana de Daniel, entonces regresará Cristo Jesús a la tierra. El apóstol Juan dijo en el primer capítulo de Apocalipsis: «He aquí que viene con las nubes, y todo ojo le verá, y los que le traspasaron; y todos los linajes de la tierra harán lamentación por él. Sí, amén» (v. 7). Y más adelante en su libro narró lo que observó en visión acerca de cómo será ese momento. Él dijo así:

> Entonces vi el cielo abierto; y he aquí un caballo blanco, y el que lo montaba se llamaba Fiel y Verdadero, y con justicia juzga y pelea. Sus ojos eran como llama de fuego, y había en su cabeza muchas diademas; y tenía un nombre escrito que ninguno conocía sino él mismo. Estaba vestido de una ropa teñida en sangre; y su nombre es: EL VERBO DE DIOS. Y los ejércitos celestiales, vestidos de lino finísimo, blanco y limpio, le seguían en caballos blancos. De su boca sale una espada aguda, para herir con ella a las naciones, y él las regirá con vara de hierro; y él pisa el lagar del vino del furor y de la ira del Dios Todopoderoso. Y en su vestidura y en su muslo tiene escrito este nombre: REY DE REYES Y SEÑOR DE SEÑORES. (Ap 19:11-16)

Esa visión detalla la manera gloriosa en que Cristo Jesús regresará a la tierra por segunda vez para reinar. Él vendrá con sus ángeles, pero también con su iglesia, porque recordemos que mientras Israel estará siendo probado en la tierra por siete años, la iglesia se hallará en el cielo celebrando las bodas del Cordero.

Sin embargo, también la Biblia enseña que cuando Cristo aparezca en las nubes, en la tierra habrá una gran revuelta y un plan malévolo por parte del anticristo y sus ejércitos para tratar de evitar la llegada de Cristo. De esta manera serán reunidos en el valle de Armagedón. Pero el Señor los vencerá y vendrá a la tierra para salvar a Israel. Así dice la profecía en Apocalipsis 19:

> Y vi a la bestia, a los reyes de la tierra y a sus ejércitos, reunidos para guerrear contra el que montaba el caballo, y contra su ejército. Y la bestia fue apresada, y con ella el falso profeta que había hecho delante de ella las señales con las cuales había engañado a los que recibieron la marca de la bestia, y habían adorado su imagen. Estos dos fueron lanzados vivos dentro de un lago de fuego que arde con azufre. Y los demás fueron muertos con la espada que salía de la boca del que montaba el caballo, y todas las aves se saciaron de las carnes de ellos. (vv. 19-21)

De esta manera, Cristo Jesús regresará a la tierra con gran poder y gloria. ¿Y sabe usted a qué lugar del mundo volverá Jesús? No será a Nueva York ni a Londres. Él regresará al mismo monte desde el cual se fue al cielo, el monte de los Olivos, el mismo sitio desde el cual los ángeles profetizaron a los discípulos que Cristo regresaría otra vez. Lea lo que escribió el profeta Zacarías de ese momento grandioso:

> Después saldrá Jehová y peleará con aquellas naciones, como peleó en el día de la batalla. Y se afirmarán sus pies en aquel día sobre el monte de los Olivos, que está en frente de Jerusalén al oriente; y el monte de los Olivos se partirá por en medio, hacia el oriente y hacia el occidente, haciendo un valle muy grande; y la mitad del monte se apartará hacia el norte, y la otra mitad hacia el sur. Y huiréis al valle de los montes, porque el valle de los montes llegará hasta Azal; huiréis de la manera que huisteis por causa del terremoto en los días de Uzías rey de Judá; y vendrá Jehová mi Dios, y con él todos los santos. Y acontecerá que en ese día no habrá luz clara, ni oscura. Será un día, el cual es conocido de Jehová, que no será ni día ni noche; pero sucederá que al caer la tarde habrá luz. (Zac 14:3-7)

La llegada de Jesucristo a la tierra causará un terremoto tan grande que el icónico monte de los Olivos que está frente a Jerusalén se partirá en dos. Y de esa manera el Señor entrará a la ciudad de Jerusalén para desde ahí establecer su reino milenial con la iglesia y con Israel. El profeta Zacarías dio incluso más detalles gloriosos en ese mismo capítulo 14 acerca de cómo será el tiempo del milenio, diciendo:

> Acontecerá también en aquel día, que saldrán de Jerusalén aguas vivas, la mitad de ellas hacia el mar oriental, y la otra mitad hacia el mar occidental, en

> verano y en invierno. Y Jehová será rey sobre toda la tierra. En aquel día Jehová será uno, y uno su nombre. Toda la tierra se volverá como llanura desde Geba hasta Rimón al sur de Jerusalén; y esta será enaltecida, y habitada en su lugar desde la puerta de Benjamín hasta el lugar de la puerta primera, hasta la puerta del Ángulo, y desde la torre de Hananeel hasta los lagares del rey. Y morarán en ella, y no habrá nunca más maldición, sino que Jerusalén será habitada confiadamente. (vv. 8-11)

## La gloria de Jehová regresa a la casa

Una profecía que siempre me bendice mucho es aquella visión que tuvo Ezequiel acerca de cómo la gloria de Jehová regresaría al templo de Jerusalén. En el capítulo 11 de su libro, el profeta presenta primero la triste visión de cómo la gloria de Jehová un día se iría del templo de Jerusalén y se posicionaría en el monte de los Olivos. El pasaje dice así: «Y la gloria de Jehová se elevó de en medio de la ciudad, y se puso sobre el monte que está al oriente de la ciudad» (v. 23). Esta profecía hablaba del momento de la ascensión del Señor Jesús al cielo, como ya explicamos capítulos atrás. Debido a que el pueblo había rechazado al Señor, la gloria que una vez tuvieron les fue quitada, a tal nivel que quedaron como una casa asolada espiritualmente. Sin embargo, es maravilloso saber que el mismo profeta que vio la gloria irse en esta visión, luego recibe otra visión profética donde ve la misma gloria regresar a la ciudad por la puerta oriental. Lea con atención el siguiente pasaje:

> Me llevó luego a la puerta, a la puerta que mira hacia el oriente; y he aquí la gloria del Dios de Israel, que venía del oriente; y su sonido era como el sonido de muchas aguas, y la tierra resplandecía a causa de su gloria. Y el aspecto de lo que vi era como una visión, como aquella visión que vi cuando vine para destruir la ciudad; y las visiones eran como la visión que vi junto al río Quebar; y me postré sobre mi rostro. Y la gloria de Jehová entró en la casa por la vía de la puerta que daba al oriente. Y me alzó el Espíritu y me llevó al atrio interior; y he aquí que la gloria de Jehová llenó la casa. (Ez 43:1-5)

Esta visión alude al momento de la segunda venida de Cristo. El hecho de que el profeta vea que la gloria venía del oriente se refiere a que descenderá al monte de los Olivos, el mismo lugar desde el cual Cristo Jesús se fue al cielo, y el mismo lugar donde pondrá sus pies. Después, Ezequiel describe detalles de aquella gloria que hacen alusión a Cristo. Él dice que su sonido era como el sonido de muchas aguas, y la tierra resplandecía a causa de su gloria, y esos mismos detalles presenció Juan con respecto a Cristo en la visión de Patmos: «Su cabeza y sus cabellos eran blancos como blanca lana, como nieve; sus ojos como llama de fuego; y sus pies semejantes al bronce bruñido, refulgente como en un horno; y su voz como estruendo de muchas aguas. Tenía en su diestra siete estrellas; de su boca salía una espada aguda de dos filos; y su rostro era como el sol cuando resplandece en su fuerza» (Ap 1:14-16).

Llama la atención leer que Ezequiel dice que la gloria de Jehová entró en la casa por el oriente. Esto evidencia una vez más que la gloria entrará por la puerta oriental, ya que, como hemos visto, el monte de los Olivos está en el oriente. De manera que, en su segunda venida, Cristo descenderá al monte de los Olivos y entrará a la ciudad de Jerusalén a través de la puerta oriental, puerta que hasta ahora está cerrada, pero que en ese momento se abrirá para que entre el Rey de gloria. Y entonces se cumplirá lo que dice Salmos 24: «Alzad, oh puertas, vuestras cabezas, y alzaos vosotras, puertas eternas, y entrará el Rey de gloria» (Sal 24:7).

Una vez que Jesús entre en Jerusalén, su gloria llenará toda la ciudad y desde allí gobernará con su Iglesia y con Israel a todas las naciones durante mil años. Esto es lo que se conoce como el reino milenial de Cristo. En el mismo no habrá muerte ni violencia, pues será un reino de verdadera paz mundial donde Cristo Jesús reinará. Satanás estará atado para que no perturbe a las naciones (Ap 20:1-3). Y con el inicio de este reino milenial se terminará de cumplir la profecía de las setenta semanas dada a Daniel y las promesas que el ángel dijo que se cumplirían con posterioridad: «Setenta semanas están determinadas sobre tu pueblo y sobre tu santa ciudad, para terminar la prevaricación, y poner fin al pecado, y expiar la iniquidad, para traer la justicia perdurable, y sellar la visión y la profecía, y ungir al Santo de los santos» (Dn 9:24).

Será solo en el milenio cuando finalmente terminará la prevaricación, se establecerá una justicia perdurable, se sellará la profecía y se ungirá a Jesús como Rey sobre toda la tierra, ya no en un reino únicamente espiritual, como es ahora, sino en un reino también político y literal. En mi primer libro *Apocalipsis: ¿Qué dice la Biblia sobre las profecías del fin?* explico más detalladamente lo que sucederá durante el milenio.

No obstante, para que se cumpla todo eso tiene que transcurrir la última semana de Daniel, los siete años finales en los que Dios tratará con el pueblo de Israel con el fin de restaurarlos espiritualmente y que puedan ser salvos, para que entonces Cristo venga a la tierra a establecer su reino milenial.

## Israel, cabecera de montes

Un último aspecto que quiero agregar en este capítulo es el hecho de que el pueblo de Israel no solo será restaurado espiritualmente en el tiempo de la gran tribulación para que sean salvos, sino que Dios los levantará por encima de todas las naciones en el momento de su regreso. Así dice la profecía: «Acontecerá en los postreros tiempos que el monte de la casa de Jehová será establecido por cabecera de montes, y más alto que los collados, y correrán a él los pueblos. Vendrán muchas naciones, y dirán: Venid, y subamos al monte de Jehová, y a la casa del Dios de Jacob; y nos enseñará en sus caminos, y andaremos por sus veredas; porque de Sion saldrá la ley, y de Jerusalén la palabra de Jehová» (Mi 4:1-2).

Con esta profecía constatamos que Cristo Jesús volverá a Jerusalén, la capital histórica del pueblo judío, y también levantará a este pueblo como el pueblo elegido, a tal nivel que todas las naciones tendrán que ir anualmente a Jerusalén para adorar a Jehová, y Cristo Jesús reinará por siempre como descendiente de David, así como Dios le había prometido en 2 Samuel 7:8-16.

En resumen, estimado lector, hemos visto que la nación de Israel se encuentra actualmente en una gran ceguera espiritual, pero hay grandes promesas que aún están por cumplirse, promesas hermosas para el linaje de Abraham, profecías que anuncian que muy pronto todo Israel será salvo. Llegará el día en que todos los israelitas reconocerán a Jesús como el Cristo y el Mesías, y celebrarán junto con la iglesia el reino milenial. El apóstol Pablo alabó a Dios por ese momento futuro y lo comparó con una resurrección milagrosa; así dijo él: «Porque si su exclusión es la reconciliación del mundo, ¿qué será su admisión, sino vida de entre los muertos? Si las primicias son santas, también lo es la masa restante; y si la raíz es santa, también lo son las ramas» (Ro 11:15-16).

Y así será la restauración de Israel, una resurrección espiritual, algo que solo será posible a través del poder de Dios: «Y aun ellos, si no permanecieren en incredulidad, serán injertados, *pues poderoso es Dios para volverlos a injertar*» (v. 23, énfasis añadido).

Por eso en este libro he profetizado a la nación de Israel, por la Palabra de Dios, que se acerca su restauración; se acerca el tiempo en que Dios tratará con ellos para que sean salvos.

Apreciada nación de Israel, ¡se acerca tu día de salvación! ¡Pronto la luz de Jesucristo resplandecerá en tus corazones y la gloria de Dios llenará tus calles! ¡Que Dios te bendiga, Israel!

# CONCLUSIÓN

Estimado lector, a través de este libro he tratado de explicarle el trato y plan de Dios con la nación de Israel, desde sus inicios hasta su futura restauración espiritual, y las grandes profecías que aún están por cumplirse. Espero haber cumplido mi propósito, es decir, que usted haya podido comprender la gran importancia que ha tenido esta nación a lo largo de las distintas dispensaciones de Dios en relación con la humanidad, tanto en el Antiguo Testamento como en el Nuevo, su papel en cuanto a la iglesia en este tiempo de gracia, y sobre todo, las profecías que le aguardan para el tiempo del fin.

A través de estas páginas, aprendimos la manera milagrosa en que nació Israel, por medio del llamado de Dios a un par de ancianos, Abraham y Sara, a quienes escogió para ser padres de multitudes. Ahondamos en los numerosos desvaríos de la nación de Israel, su rebeldía, sus lamentaciones, su restauración y, finalmente, su rechazo al Mesías. También vimos que todavía son una nación con grandes promesas de Dios, profecías que se cumplirán en el tiempo del fin una vez la iglesia haya sido levantada al cielo.

Hemos reiterado que Israel se encuentra aún en gran ceguera espiritual, pues su pueblo no conoce de Cristo; por consiguiente, nosotros, como cristianos, debemos agradecer a Dios por la gran bendición que tenemos de haber sido salvos a través de la fe, y haber obtenido por gracia las bendiciones que tanto ha buscado Israel, así como dijo Pablo: «Lo que buscaba Israel, no lo ha alcanzado; pero los escogidos sí lo han alcanzado, y los demás fueron endurecidos» (Ro 11:7). De manera que debemos permanecer firmes en la gracia, sabiendo que fuimos llamados a un mejor pacto a través de la fe en Cristo Jesús.

Incluso así, no debemos olvidar que todavía hay un plan divino para salvar a Israel en el tiempo del fin. En medio de tantos conflictos en el Medio Oriente y tantas controversias, debemos estar seguros de que hay grandes promesas celestiales que reposan sobre el linaje de Abraham; y todas serán cumplidas en el tiempo de la gran tribulación, la última semana de Daniel, los siete años posteriores al arrebatamiento de la iglesia. Por eso debemos bendecir a la nación de Israel y orar por ella para que el plan de Dios se cumpla, pues esa es su voluntad (Ro 10:1). Obviamente, también considero que debemos predicarle al pueblo judío, pues así como en el tiempo de la iglesia primitiva, todavía hay judíos que se están convirtiendo al Señor. Pero, en general, para toda la nación, hay un plan maravilloso de salvación y redención.

## ¡Mirad la higuera!

Ahora bien, no quiero terminar este libro sin antes hacerle una importante advertencia a la iglesia: al mirar el plan de Dios para la nación de Israel y las diversas señales que están anunciando que el tiempo del fin está cerca, debemos prepararnos para el encuentro con Cristo, porque todo indica que el tiempo de la iglesia se está acabando, y muy pronto Cristo la levantará para dar inicio a la última semana de Daniel.

Es importante saber que, así como Israel sirvió de señal en el Antiguo Testamento para los tiempos de Dios, así también Cristo nos ordenó a nosotros, la iglesia, que estemos atentos a Israel, porque esta nación será una señal profética muy importante para saber cuán cercanos estaremos del regreso de Cristo Jesús. Recuerde que Israel es el reloj profético de Dios. Cristo mismo nos ordenó diciendo: «Mirad la higuera y todos los árboles. Cuando ya brotan, viéndolo, sabéis por vosotros mismos que el verano está ya cerca. Así también vosotros, cuando veáis que suceden estas cosas, sabed que está cerca el reino de Dios. De cierto os digo, que no pasará esta generación hasta que todo esto acontezca» (Lc 21:29-32).

Como ya hemos visto en el libro, esta profecía de Jesús hacía alusión a la primera etapa de restauración de la nación de Israel, cuando regresarían a su tierra, lo cual sucedió en 1948. Y lo llamativo es que Jesús dijo que no pasaría «esta generación» sin que «todo esto acontezca». Jesús no se refería a aquella generación en la cual vivió, porque toda ella pasó y no se cumplieron las promesas que aparecen en ese capítulo. En cambio, Él estaba haciendo alusión a la generación que vería la restauración de Israel, el reverdecimiento de la higuera. Y dijo que esa generación vería el cumplimiento de «estas cosas» refiriéndose a todas las profecías del fin, colocadas en el marco de la última semana de Daniel. Por lo cual, esto nos hace un llamado a nosotros, porque nosotros somos esa generación.

Esa «generación» nos identifica debido a que una generación desde la panorámica profética son cien años. Dios le dijo a Abraham que su descendencia estaría en Egipto por cuatro generaciones (Gn 15:13-16), y luego vemos que aquella esclavitud duró cuatrocientos treinta años (Éx 12:40). De manera que si la interpretación de esta profecía es correcta, significa que Cristo Jesús posiblemente vendrá por segunda vez no mucho tiempo después de la restauración de Israel. Muchos maestros cometen el grave error de ponerle fecha al regreso de Cristo, estableciendo el año, el mes o incluso el día. Yo considero que es imposible saber la fecha exacta, porque la Biblia lo prohíbe. Pero creo que sí tenemos permiso de Dios para ubicar, por lo menos, el tiempo de su regreso, o sea, saber la temporada profética en la cual Cristo Jesús regresará y si estamos lejanos o cercanos.

Por eso, cuando observamos a la nación de Israel tenemos que verla con ojos proféticos, discerniendo los eventos que están ocurriendo como señales de parte de Dios, puesto que Cristo nos mandó a mirar atentamente a la higuera, que es Israel. Y si la miramos con atención, vemos que los israelitas no solo fueron restaurados políticamente, sino que, según se rumorea, ya se están preparando para la reconstrucción del tercer templo; ya tienen sacerdotes consagrados, los instrumentos, la Menorah, las trompetas y las vestiduras sacerdotales para cuando llegue el tiempo. Están hablando cada vez más de la llegada del Mesías, y cada año suceden más eventos que están precipitando los acontecimientos profetizados en la Biblia.

Hace algunos años, por ejemplo, Donald Trump fue usado por Dios en un evento muy profético, y me refiero a cuando declaró a Jerusalén como la capital de Israel, algo muy significativo. Por otra parte, los países árabes se están alineando cada vez más para unirse en contra de Israel y crear una situación tan crítica que solo conducirá al cumplimiento de lo que Dios tiene ya determinado.

En fin, creo que debemos estar muy atentos a lo que está pasando en Israel, porque esta nación es el reloj profético de Dios para la iglesia. Mientras más cerca esté la restauración de Israel, más cerca estará el arrebatamiento de la iglesia. Mientras más eventos proféticos sucedan en el Medio Oriente, más cercano estará el día en que Cristo Jesús levantará a su pueblo.

Pero no solo Israel está dando grandes señales, sino que por todo el mundo se están viendo las evidencias de que Cristo está a las puertas. En Mateo 24, Jesús advirtió: «Mirad que nadie os engañe. Porque vendrán muchos en mi nombre, diciendo: Yo soy el Cristo; y a muchos engañarán. Y oiréis de guerras y rumores de guerras; mirad que no os turbéis, porque es necesario que todo esto acontezca; pero aún no es el fin. Porque se levantará nación contra nación, y reino contra reino; y habrá pestes, y hambres, y terremotos en diferentes lugares. Y todo esto será principio de dolores» (vv. 4-8).

En la actualidad ya se están viendo esas señales. Estamos en días en que los falsos profetas se han levantado como nunca. La apostasía se está regando como gangrena en medio de la iglesia. Hay más pestes y epidemias. Cada vez el mundo es un lugar más inseguro. La maldad se ha multiplicado a tales niveles que estamos como en los días de Noé y los de

Lot, en los cuales pecados terribles y abominables se están aprobando y promoviendo incluso desde los mismos gobiernos. Y cada día el miedo a una tercera guerra mundial se hace más cercano, una guerra que sería fatal. En fin, el mundo entero se está alineando para el gobierno del anticristo, e Israel está clamando a gritos por el Mesías. Sencillamente, todas las señales apuntan a que Cristo Jesús viene pronto.

Por todo esto, estimado hermano, el tiempo de la iglesia se está acabando. Y debemos ser entendidos en los tiempos, como los hijos de Isacar, que eran «entendidos en los tiempos, y [...] sabían lo que Israel debía hacer, cuyo dicho seguían todos sus hermanos» (1 Cr 12:32). La iglesia debe dejar de jugar a un evangelio liviano y volver a predicar la Palabra de Dios. Debe volver a predicar en las calles y salvar a la mayor cantidad de almas posibles antes de que el tiempo se acabe. Debe volver a la oración, a llenar sus lámparas con el aceite de la unción del Espíritu Santo, porque solo así podrá estar preparada para el encuentro con Cristo. Recuerde que Él viene por una iglesia vigilante como las vírgenes prudentes, aquellas que tienen aceite en sus lámparas. Así fue el llamado del Señor en Marcos 13: «Mirad, velad y orad; porque no sabéis cuándo será el tiempo» (v. 33).

Estimado lector, creo sinceramente que no somos cualquier generación. Somos la generación que, en algún momento —no sabemos cuándo— disfrutará del arrebatamiento de la iglesia. Y esto es una gran noticia para nosotros, pero también para Israel, porque entonces significará que su tiempo ha llegado.

Deseo que Dios le bendiga, y que a través de este libro no solo haya podido recibir el conocimiento bíblico para saber lo que vendrá en el tiempo del fin, sino que su lectura haya encendido en usted una llama de pasión por Cristo Jesús y haya abierto sus ojos con el fin de prepararlo para el encuentro con nuestro amado.

¡Adelante iglesia!
¡El Rey ya viene!
¡Maranata!

> Y me dijo: No selles las palabras de la profecía de este libro, porque el tiempo está cerca. El que es injusto, sea injusto todavía; y el que es inmundo, sea inmundo todavía; y el que es justo, practique la justicia todavía; y el que es santo, santifíquese todavía. He aquí yo vengo pronto, y mi galardón conmigo, para recompensar a cada uno según sea su obra. Yo soy el Alfa y la Omega, el principio y el fin, el primero y el último. Bienaventurados los que lavan sus ropas, para tener derecho al árbol de la vida, y para entrar por las puertas en la ciudad. (Ap 22:10-14)

## ¿LE IMPACTÓ ESTE MENSAJE?

Escanee el código QR y conéctese con Jahaziel en sus redes sociales.

Comparta su experiencia, sígalo y forme parte de esta conversación profética.

# ¿HAS LEÍDO ALGO BRILLANTE Y QUIERES CONTÁRSELO AL MUNDO?

**Ayuda a otros lectores a encontrar este libro:**

Publica una reseña en nuestra página de Facebook **@VidaEditorial.**

Publica una foto en tu cuenta de redes sociales y comparte por qué te agradó.

Manda un mensaje a un amigo a quien también le gustaría, o mejor, regálale una copia.

¡Déjanos una reseña si te gustó el libro! ¡Es una buena manera de ayudar a los autores y de mostrar tu aprecio!

Visítanos en **EditorialVida.com** y síguenos en nuestras redes sociales.